KB204502

성 베네딕도의 길

SEEKING GOD

The Way of St Benedict

The Liturgical Press, Collegeville, Minnesota 1984

Translated by Han-Chang KIM

성 베네딕도의 길

2002년 1월 초판 | 2007년 2월 재쇄
옮긴이 · 김한창 | 펴낸이 · 이형우

ⓒ 분도출판사

등록 · 1962년 5월 7일 라15호
718-806 경북 칠곡군 왜관읍 왜관리 134의 1
왜관 본사 · 전화 054-970-2400 · 팩스 054-971-0179
서울 지사 · 전화 02-2266-3605 · 팩스 02-2271-3605
www.bundobook.co.kr

ISBN 89-419-0202-9 03230
값 7,000원

에스더 드 왈

성 베네딕도의 길

김한창 옮김

분도출판사

차 례

추천의 말

영성생활에 관한 책들 중에는 한가한 저자가 하인을 거느린 한가한 독자를 위하여 저술한 것처럼 보이는 것들도 있다. 그러한 책이 우리같이 바쁘고 분주하게 살고 있는 사람이 읽기에 적당할지 의심스럽다. 그러나 이 책은 다르다. 저자인 에스더 드 왈은 아내로서, 교사로서, 어머니로서, 직업적으로나 개인적으로나 매우 바쁜 생활중에 이 책을 썼기 때문이다. 그래서 그만큼 더 귀중한 것이다.

이 책을 쓰기 위해 봉헌된 수련과 정신집중 자체가 성 베네딕도의 길을 따르려는 노력의 결실인 동시에 이 책의 유용성과 사실성寫實性을 보여주는 증거이다. 『성 베네딕도의 길』은 『베네딕도 규칙서』의 심오한 지혜를 설명해 주는 모범적 저서이다. 이 규칙서는 6세기의 수도승들을 위해 씌어졌지만 세기를 넘어 전해 내려오면서 오늘을 사는 현대인들에게도 그 당시와 똑같은 반향을 불러일으킨다.

1984년에 펴낸 대주교 사순절 강론집에서도 『베네딕도 규칙서』는 시대의 검증을 통과하였을 뿐만 아니라, 특정 교회나 전통에 관계없이 모든 그리스도인들을 위한 가르침을 담고 있다는 것을 보여주고 있다. 게다가 베네딕도회 수도승인 바실 흄 추기경께서 친절하게도 이 책의 서문을 써 주셔서 규칙서의 진가가 분명하게 드러나게 되었으니 나는 기쁨을 감출 수 없다. 우리는 베네딕도 성인께 감사드리고, 서로 분열되기 이전 교회의 성자를 세상에 알리는 데 힘을 합쳐야겠다.

저자인 드 왈 여사는 이 시대를 "심심풀이 싸구려 문고본 시대"라고 부른다. 사실 영성생활에 관한 서적이 범람하지만 이런 책들은 실제로 기도와 실천의 대안이 되기에는 부족하다. 그러나 이 책은 예외이다. 나는 이 책을 읽고 활력을 얻었으며 나의 삶에 많은 도움이 된다는 것을 알았다. 사실 대주교의 삶이란 늘 바쁘고 시간에 쫓기지만 내가 이 책을 읽고 서문까지 쓰는 것은 그 가치를 높이 평가하기 때문이다.

이 책은 그리스도 교회의 위대한 전통의 하나를 단순하면서도 깊이있게 소개하고 있기 때문에 많은 독자들의 주목을 받을 것이며, 이번 사순절의 깊은 사색과 묵상에 크게 도움이 될 것이다.

캔터베리 성공회 대주교
로버트 룬시

『베네딕도 규칙서』에 관한 이 책의 출판은 경사임에 틀림이 없다. 저자의 말처럼 "주부로서, 어머니로서의 산 체험"에서 우러나온 것이어서 더욱 좋다. 오늘날은 복음의 이상理想을 실천하며 사는 데 도움이 되는 저서가 절실히 요구되는 시대이다. 하느님을 더 많이 알고 사랑하는 데 영적 독서는 필수불가결한 요소이다. 에스더 드 왈 여사는 『베네딕도 규칙서』를 그리스도를 따르는 삶의 지침서로 삼아 왔다.

성 베네딕도의 규칙들 중에는 다른 고대 수도규칙들에서 따온 것도 있고, 성 베네딕도 자신의 경험을 바탕으로 지은 것도 있다. 『베네딕도 규칙서』는 신학자들이나 다른 학자들을 즐겁게 하기 위해서 지은 것이 아니라 수도 공동체 안에 사는 수도승들에게 복음의 삶을 사는 방법을 안내하기 위해 지은 것이다. 하지만 우리 시대의 가정 공동체도 이 규칙서에서 많은 지혜를 배울 수 있으니 독자들은 옛 지혜의 현대적 가치를 보여준 저자에게 깊이 감사해야 할 것이다.

웨스트민스터 대주교
바실 흄 추기경

머리말

내게 이 책을 쓰도록 직접적으로 영감을 준 것은 캔터베리와, 이곳의 대성당과, 중세에 여기 살았던 베네딕도 공동체의 유적이다. 7년 전까지만 해도 나는 『베네딕도 규칙서』*The Rule of St Benedict*를 읽은 적이 없었다. 그러므로 베네딕도회 생활에 대해서는 지극히 막연한 생각뿐이었다. 많은 성공회 신자들처럼 영국의 건물과 예술품에 수도원 유적이 남아 있다는 것을 알고 있는 정도였다. 나는 아버지께서 교구사제로 계시던 슈롭셔 본당에서 유년기를 보냈다. 그곳 교회는 옛 베네딕도회 수도원 소속이었으므로 나는 매일 교회 사택의 정원에서 수도원의 유적들을 바라볼 수 있었으며, 그 유적과 성당의 회랑을 보면서 과거의 위대함에 감탄하는 많은 이들 중 한 사람에 지나지 않았다. 그러나 그런 위대함이 배어 있는 캔터베리에 실제로 와서 사는 것은 전혀 색다른 경험이었다. 우리가 살던 사택 건물은 옛 수도원 시대에 원장이 거처하던 숙소였으며, 예배드렸던 교회는 베네딕도 공동체가 사용하던 성당이었다. 그 공동체의 아빠스 명단에는 란프랑크Lanfranc와 안셀름Anselm도

들어 있다. 우리집 주위에 있는 건물 하나하나는 당시의 공동체 생활을 반영하고 있었다. 현관문을 나서면 곳간과 제빵소와 포도주 창고가 있고, 옆문을 나서면 양호실 유적을 지나게 된다. 창문 너머 내다보이는 수도원의 모습은 각각 조금씩 달랐다 — 당시의 필사실, 순례자 숙소, 그리고 대성당의 그늘이 늘 우리집에 드리워져 있었다.

어느 날 대성당 남쪽 수도원 묘지에서 발굴작업이 있었는데, 거기서 유골 두 구가 나왔다. 이름은 알 수 없지만 따로 떨어져 있으면서도 공동체를 이루어 누워 있는 두 유골을 보았을 때, 내 눈앞에는 갑자기 그 수도원을 건축하고 수도생활의 길을 닦았던 사람들의 모습이 떠올랐다. 이런 인연으로 나는 『베네딕도 규칙서』를 읽게 되었다. 언젠가 우리 아들이 해리 종탑Bell Harry Tower (캔터베리 대성당의 높이 235피트 되는 종탑으로, 천장의 부채꼴 조각이 경이롭다 — 역자 주) 아래에서 그 외적 아름다움에 압도되어 "완벽한 작품"이라고 감탄한 적이 있었지만, 나는 이 규칙서라는 작품에 그런 식으로는 압도당하지 않고, 여기서 어떤 활력을 얻어내려면 베네딕도 생활의 정신을 이해할 필요가 있다는 생각이 들었다.

사람은 때로 어떤 장소나 경치를 보고 낯설어하면서도 그 형태나 모양이나 그림자가 친숙하게 느껴지는 것 같은 경험을 한다. 나는 『베네딕도 규칙서』에서 그런 경험을 했다. 규칙서의 내용은 현실과 동떨어진 것도, 과거의 일도, 지식적인 생각에만 있는 것도 아니었으며, 오히려 현생활과 직접적으로 관련이 있는 것이었다. 여기에는 내가 이미 반 정도 아는 것도 있었고 그 의미를 확실히 몰라서 애태우던 사항들에 대한 해답도 있었다. 규칙서는 개인적 인간관계와 권위와 자유의 문제를 진솔하게 해결해 주었으며, 정주定住와 변화의 필요성을 깨닫게 해주었고, 균형잡힌 삶의 모형을 보여주었다. 특히 사람과 사물에 대한 존경과 존중은 나를 감동으로 몰아넣었다. 손님 환대나 재물의 소유 같은 일상의 문제에 대한 성 베네딕도의 통찰력을 나는 높이 평가하지 않을 수 없었다.

나는 이러한 문제에 대해서 여러 해 동안 생각해 왔지만 정작 이 책을 쓰는 데는 6개월밖에 걸리지 않았다. 가족 뒷바라지, 음식 만들기와 집안일, 개방대학 강의뿐 아니라, 여름이 되면 전통에 따라 캔터베리로 끊임없이 찾아오는 수많은 순례자들을 맞이하는 일 등, 바쁜 생활 가운데서도 이 책을 쓰는 데에 가장 많은 정성을 쏟았기 때문이다. 이런 분주한 생활 속에서 책을 쓴다는 것은 끊임없는 중단의 연속이었다. 나는 이러한 문제를 6장에서 다룬다. 해야 할 일들이 끊임없이 밀어닥칠 때에도 "하느님의 자비에 대해 절대로 희망을 버리지 말라"(규칙서 4,74)는 규칙서의 충고에 매달려 집필을 계속했다. 이 책은 신학적인 저술이라고는 할 수 없다. 많은 일거리를 가진 아내로서, 어머니로서 직접 살아온 체험을 바탕으로 해서 나온 책이기 때문이다. 바쁘고 혼란스럽고 피곤한 일상생활을 하면서도 하느님을 찾고 있는 나 같은 사람들에게 규칙서가 귀한 충고를 하고 있다는 확신에서 이 책을 썼다. 그동안 나에게 한 가지 바람이 있었다면, 그것은 이 책이 베네딕도의 영성생활에 접근하는 입문서가 되는 것이었다. 규칙서의 내용을 생활에서 실천하기 전에 우선 책을 읽고 그 내용을 알아야 하겠기 때문이다. 규칙서는 고대의 지혜를 담고 있으면서도 복음처럼 새롭다. 성 베네딕도가 우리를 끊임없이 이끌고 가는 곳이 바로 그리스도 그분이 계시는 곳이다. 규칙서는 지난 1,500년 동안 수도 공동체에서 서원을 하고 살아가는 수많은 남녀 수도승들에게 하느님을 발견하는 길을 제시했을 뿐만 아니라, 이 세상에서 영세 때의 약속을 지키려고 분투하는 우리 모두에게도 같은 길을 제시해 준다.

이 책이 나오기까지 나는 많은 사람들과 기관으로부터 도움을 받았다. 먼저 가족의 성원과 비판적인 격려가 없었더라면 불가능했을 것이다. 나는 각장의 주註에서 내게 도움이 된 많은 베네딕도회 학자들에게 감사의 뜻을 표했지만 혹시 언급하지 못한 부분이 있으면 용서를 바란다. 가장 감사해야 할 곳은 노르만디에 있는 성 마리아St Mary's West Malling 수도원과 벡 헬루인Bec Hellouin 수도원이다. 이 공동체들은 수세기에 걸쳐 캔터베리와 관계를 맺어 왔다. 국내외의 많은 다른 분들도 내가 베네딕도회의 수도생활을 이해하는 데 큰 도움을 주었다. 그 모든 분들께 이 자리를 빌려 감사의 인사를 드린다. 결론적으로 이 책은 『베네딕도 규칙서』가 어떻게 오늘에 이르기까지 일반 그리스도 신자들에게 감화를 주어 왔으며 안내자가 되어 왔는지를 보여주기 위한 개인적 시도임을 밝혀둔다.

1983년 9월 25일, 캔터베리에서

에스더 드 왈

· *1* ·

성 베네딕도

"그리스도께서 사랑의 사슬로 너희를 속박할 것이다."

성 베네딕도(480~547?)가 태어난 시대는 혼란스럽고 분열되고 불확실한 세상이었다. 사람들의 머리에는 안전이나 안보의식 같은 것이 별로 없었으며, 교회도 거의 세속 세력들만큼이나 혼란스러웠다. 따라서 사회는 성聖과 속俗의 경계도 무너지고 있었다. 세상에는 발전의 징후가 될 만한 획기적인 사건들도 보이지 않았다. 이 점에 있어서 20세기와 공통점이 많다. 당시의 삶이란 세상 돌아가는 일을 알기 위한 절박한 몸부림이었다. 성 베네딕도가 태어나기 70년 전인 410년에 일어난 서로마 제국의 멸망은 전 문명사회에 가공할 만한 충격이었다. 그후 계속되는 이민족들의 집단적인 침공으로 로마 제국은 와해되기 시작했다. 5세기 중엽에는 훈족이 북부 이탈리아를 공략하자, 로마는 또다시 몰락하였다. 교회도 해체되었으며, 백성들은 전쟁과 정치적 혼란으로 시련을 겪고 있었다. 뿐만 아니라 신학적인 문제, 특히 그 당시 사람들의 중요한 관심사였던 은총 문제로 교회가 분열되어 있었다. 그리스도 신자들은 향수에 젖어 옛 교부들의 시대를 회상하면서 성 아우구스티노 같은 교부가 교회에서 다시 배출되고, 혼돈의 세계로 급속히 전락하고 있는 세상에 평화와 질서와 광명을 약속하는 "하느님의 도시"(civitas Dei)를 건설하고 싶었을 것이다. 그후 이런 상황에서 한 위인이 나타나서 몰아치는 폭풍우를 견뎌 내기 위해 방주方舟를 만들었다. 이 방주는 손으로 만든 배가 아니라, 인간과 영원한 가치들을 싣고 물이 빠질 때까지 머무는 방주이다. 특히 이 방주는 혼돈의 100년 세월뿐만 아니라 1,500년의 세월을 견뎌 내면서, 아직도 수많은 사람들을 육지로 안전하게 대피시킬 수 있는 힘을 지닌 방주이다.

우리가 이 방주 — 수도원 — 의 설립자를 아는 길은 기본적으로 그의 유일한 작품인 규칙서를 통하는 것뿐이다. 규칙서의 저자인 성 베네딕도는 그리스도교계에 위대한 이름을 남긴 수많은 이들과는 달리, 이상하게도 역사에서 자기 얼굴을 드러내지 않은 분으로 남아 있다. 우리가 가지고 있는 그의 생애에 관한 주요 출전은 사후 50년이 채 못 되는 593년과 594년 사이에 로마에서 씌어진 『성 그레고리오 대종의 대화집』*Dialogues of St Gregory the Great* 제2권이다. 이 전기는 현대적 의미의 전기가 아니다. 성 그레고리오는 주로 이 "하느님의 사람"(vir Dei)이 행한 기적과 예언의 능력에 관심을 두었기 때문이다. 그러면서도 동시에 그는 성 베네딕도의 생애에 대한 순수한 사실들을 제시하고 있는데, 그것이 사실인지 혹은 상징적이거나 상상적인 것인지 구별하기란 쉽지 않다. 하지만 그가 제시한 입증할 수 있는 구체적인 장소와 사람들을 바탕으로 성 베네딕도에 관해 우리가 알 수 있는 사실들은 이러하다: 성 베네딕도는 480년 이탈리아에 있는 움브리아Umbria 지방의 누르시아Nursia에서, 『대화집』의 표현을 빌리면, "명문가"의 아들로 태어났다. 그는 인문학을 공부하기 위해서 로마로 갔다가 곧 학업을 포기하고 그곳을 떠났다. 처음에는 아필레Affile에서 약 2년간 머문 다음 수비아꼬Subiaco로 옮겨가서 험악한 산세의 주변 경관에 둘러싸여 있는 한 산중턱 동굴에서 3년 동안 은수생활을 하였다. 동굴 아래에는 네로 황제 궁전의 유적과 로마 시대 수로의 부서진 잔해가 보이는데 이것들은 모두 위대했던 로마 제국의 멸망을 보여주는 상징물들이었다. 여기서 그는 빵을 가져다주고 그의 거처의 비밀을 지켜 주는 한 이웃 수도승의 보살핌을 제외하면 철저히 혼자서 지냈다. 결국 그는 사람들에게 발각되었고, 그후 많은 제자들이 모여들었으므로 이들을 위해 열두 개의 작은 수도원들을 설립하게 되었다. 이 수도원들은 모두 가까운 곳에 흩어져 있었으며, 각 수도원은 열두 명의 수도승들로 구성되었다. 몇 년이 지난 뒤, 아마 528년 또는 529년에 그는 몇 명의 수도형제들을 데리고 그곳을 떠나 남쪽에 있는 몬떼까시노Monte Cassino로 옮겨갔다. 몬떼까시노는 아펜니노 산맥의 중부 지역에 우뚝 솟아 있는 거대한 산이다. 그는 이교 신전을 헐고 그 자리에 새로운 수도원을 세운 다음 여생을 보냈다. 그는 1년에 한 번씩 그의 누이동생인 성녀 스꼴라스띠까St Scholastica를 만나곤 했는데, 그녀 또한 가까운 곳에 여자 수도 공동체를 세워 지도하고 있었다. 그는 여기서 "거룩한 사람"이라는 명성을 얻었으며, 그의 명성은 널리 퍼져나갔다. 6세기 중엽의 어느 날 그는 이곳에서 세상을 떠났다. 전통적으로 547년 3월 21일을 그의 기일로 잡고 있다. 그러나 그의 유해는 평안히 안치될 운명이 아니었다. 사후 약 50년 만에 그의 수도원은 롬바르드족에 의해서 파괴된 채 방치되었다가 720년에야 복구되었다. 그 당시 실제로 어떤 일이 일어났는지는 확실하지 않지만, 같은 무덤에 안장되어 있던 성 베네딕도와 성녀 스꼴라스띠까의 유해가 7세기 중엽에 프랑스로 옮겨진 것 같다. 그후 성 베네딕도의 유해는 마침내 성 브노아 쉬르 로아르St Benoît-sur-Loire 수도원으로 옮겨져 오늘날까지 안치되어 있다.

성 그레고리오의 『대화집』에 나오는 성 베네딕도의 전기는 모두 28장인데 주로 그분이 행한 기적과 악마와의 조우遭遇에 관한 사건들에 집중되어 있어, 내용이 현대 독자들에게는 이해하기 곤란하고, 별로 교훈적이지 못한 부분들도 많다. 그러나 이런 점을 너무 성급하게 간과해 버리면 베네딕도 성인의 생애를 이해할 수 있는 다른 차원을 놓치게 될 수도 있다. 저자의 관심은 연대기와 역사적 사건에 있는 것이 아니라 성서적 말씀에 더욱 큰 비중을 두고 이것을 전기의 줄거리로 삼고 있기 때문이다. 그의 전기를 읽으면 성 베네딕도의 생애는 좁은 산길과 넓은 평원에서의 진리 탐구와 순례여행을 통해서 마침내 정상에 이르게 됨을 알 수 있다. 이것은 규칙서가 우리에게 약속하고 있는 내용이다. 즉, 좁은 문에서 출발하여 점차 길을 넓혀나가는 것이다. 성 베네딕도는 산에서 몸소 수도하고 깨달은 바를 규칙서에 반영하였을지도 모른다. 그러나 전기에는 그 이상의 의미가 담겨져 있다. 성 그레고리오는 독자들에게, 하느님께서 인간의 삶에 어떻게 역사役事하시는가를 성 베네딕도의 생애를 통해서 보여주고 싶었다. 저자는 "처음에는 불모지처럼 보인 곳에서 참된 열매가 나온다", "생명이 죽음에서 나온다" 등과 같은 역설법을 즐겨 쓴다. 『대화집』은 죽음과 부활을 중심 주제로 다루고 있기 때문에 그 어떤 저서도 『베네딕도 규칙서』의 이상理想에 이보다 더 가까이 접근하는 것은 없다.

그러나 『대화집』을 통해서는 아직도 성 베네딕도를 한 인간으로 이해하기가 어렵다. 그분의 인간성은 결국 규칙서 자체에서 드러난다. 규칙서의 목표와 언어를 보면 유사한 다른 수도 규칙서들과는 차이가 있음을 알 수 있다. 바로 이런 차별성 때문에 우리는 규칙서의 저자에 대해서 그만큼 더 알게 된다. 규칙서가 어느 정도로 독창적인가 하는 학문적 논의는 여기서 우리가 관여할 바가 아니다. 현대 학자들이 이 문제를 가장 중요시하여 엄청나게 많은 연구를 해왔지만, 독창성의 논란은 아마도 성 베네딕도 자신에게는 어리석고 무의미한 문제였을 것이다. 그는 현존하는 수도승 전통에서 좋은 것이 있으면 기꺼이 따와서 자신의 것으로 만들었을 뿐만 아니라 자신의 경험을 가지고 윤색하는 것으로 만족하였다. 그의 주변에는 독특한 전통과 업적을 가진 여러 가지 유형의 수도생활이 있었다. 그중에 어떤 것은 개인의 개발과 은수생활의 기회를 많이 허용하는 것이 있는가 하면, 어떤 것은 정착된 공동체의 형태로 공동생활의 가치를 더 강조하는 것도 있었다. 그는 이처럼 다양한 요소들을 한데 모아들였고 거기서 자신이 쓸 자료를 많이 따왔는데, 그렇다고 해서 그의 위대함이 폄하되는 것은 아니다. 오히려 그는 여러 요소를 선별하고 혼합하여 하나의 긍정적이고 균형잡힌 완전한 일치를 만들어 내는 비범한 기술로써 규칙서의 질을 향상시켰다. 이 규칙서는 단지 숙련된 법전 편찬가의 지적인 두뇌의 소산이 아니라, 수비아꼬의 동굴과 몬떼까시노의 봉쇄 수도원에서 자신이 만든 규칙을 실천하며 살아온 한 인간의 작품이다. 규칙서에 담겨져 있는 그 완벽한 지혜는 단순히 그의 생각에서만 나온 것이 아니라 오랜 기간 동안 그의 온몸에서 철저한 동화작용을 거쳐서 나온 것이다.

공동체 구성원들간의 관계에 대한 그의 새로운 이해는 위대한 발전이다. 이전에는 초심자들이 어떤 거룩한 분을 찾아가서 배움을 청하는 것이 이상이었다. 그리고 수도원은 그 현자를 중심으로 모인 개인들의 집단이었다. 초기 규칙서들 중에는 『스승의 규칙서』*Regula Magistri*라는 것이 있는데, 거기에는 수도원장인 아빠스에게 막강한 권한이 부여되었다. 그러나 성 베네딕도는 수도승 상호간의 관계를 중시함으로써, 그 당시에는 거의 배타적으로 수직적인 형태에 머물러 있던 아빠스의 권한에 일대 변화를 가져왔다. 물론 초심자들은 가르침을 받기 위해 수도원을 찾아온 제자들이지만, 그들 역시 사랑으로 연결된 형제들이다. 그러므로 성 베네딕도에게 있어서 수도원은 사랑의 공동체이고, 아빠스는 결점이 없고 모든 것을 다

아는 사람이 아니라 상황의 필요에 따라 자기의 분별력을 행사하는 사람이다. 『스승의 규칙서』에는 "학교"라는 낱말이 아홉 번이나 나오지만, 성 베네딕도는 이 낱말을 단 한 번밖에 쓰지 않는다. 그는 "스승"magister이라는 말 외에도 "자애로운 아버지"라는 말을 사용한다. 『스승의 규칙서』는 수도승 서로의 관계를 중시하지 않지만, 『베네딕도 규칙서』는 수도 공동체 구성원들의 형제적 수평관계를 중시하여 3장에 걸쳐(규칙서 69-71) 그 시행 세칙을 멋지게 기술하고 있다. 특히 제72장은 서로 사랑하라는 내용을 담은 걸작품이다.

> 수도승은 육체의 약점이든 품행의 약점이든 다른 형제의 약점을 지극한 인내로 참아 견딜 것이며, 서로 다투어 순종하고, 아무도 자신의 이익을 따르지 말고 오히려 남에게 이롭다고 생각되는 것을 따를 것이며, 형제들에게는 순수한 사랑으로 너그럽게 대할 것이다(규칙서 72,5-8).

그의 규칙서 본문에는 『스승의 규칙서』와 거의 같은 표현들이 많지만, 그 정신과 견해는 엄청나게 다르다. 무엇보다도 제72장은 베네딕도의 이상을 반영하고 있다. 이 장은 성 베네딕도 자신의 모습을 찍어낸 것이다. 그가 짓고 있던 방주는 수도 공동체의 가족을 싣기 위한 것이었다.

성 베네딕도의 생애중에 성장한 6세기 수도원들의 규모는 매우 작고 단순하였다. 한 공동체는 약 열두 명의 수도승으로 구성되었으며, 일상의 활동은 대가족의 특성을 띠었다. 수도원 건물은 작은 단층집이었고, 그 주위에 사무실, 별채, 농장, 창고 등이 있었다. 침실과 식당과 성당은 크거나 정교할 필요가 없었으며, 회랑이 달린 수도원 건물은 후대의 산물이었다. 그리스도 가족으로 함께 살고 일하고 기도하기 위하여 여기 모인 이 작은 공동체는 자신들을 위해 요구하는 바는 아마도 적었을 것이다. 구성원 대부분은 검소한 사람들이었으며, 성직자나 학자들은 별로 없었다. 일과 형태는 수도승 생활의 목표인 **하느님의 일**(opus Dei)을 중심으로 짜여 있었다. 그래서 수도승들은 하루에 일곱 번씩 성당에 모여 함께 성무일도聖務日禱(매일 정해진 시간에 바치는 공적 · 공통적인 기도로서 시편 낭송이 주를 이룬다)를 바쳤으며, 그 시간은 여름과 겨울에 따라 약간씩 바뀌었다. 하루의 성무일도는 자정 조금 지나서 "밤기도"(Vigils)를 바치는 것으로 시작된다. 뒤이어 일곱 번의 낮기도는 동이 틀 무렵에 "아침기도"(Lauds)를 바치는 것으로 시작하여 저녁에 바치는 "끝기도"(Compline)로 하루를 마감한다. 나머지 시간에는 두 끼의 식사시간과 잠자는 시간을 제외하고 집안일이나 농사일이나 공부나 독서를 하였다. 수도 공동체의 사람들은 함께 모여 하느님을 섬기고 자신들의 영혼을 돌보며, 찾아오는 손님들을 극진히 대접하지만, 기본적으로는 외부세계에 대해 무지한 상태에 만족하는 이들이었다.

성 베네딕도가 사망한 당시만 해도 그의 규칙서의 명성은 다른 여러 규칙서들과 별로 다를 바가 없었다. 그러나 한두 세기가 지나면서 그는 서방 수도회의 아버지가 되었으며, 그의 규칙서는 라틴 교회에서 가장 영향력있는 규칙서가 되었다. 7세기 이후부터 베네딕도회 회원들은 기독교와 함께 십자가와 책과 쟁기 같은 문명의 이기들을 거의 유럽 전역에 전파하였다. 오래지 않아 서방의 전 기독교계에는 수도원들이 유행처럼 번져나갔다. "수도원의 시대"가 시작된 것이다. 이제 우리는 베네딕도회의 출현이 그리스도인들의 생활에 얼마나 지대한 영향을 끼쳤는지를 알 수 있다. 초기의 수도승들은 비교적 복잡한 생활을 뒤로 하고 사막으로 들어갔었지만, 이제는 그 형태가 바뀌었다. 한편으로는 이민족들의 침략, 정치적 불확실성, 그리고 무단武斷 세력이 당면한 현실로 여겨지던 사회에서, 또 한편으로는 가난한 농부 출신의 사제들이 교구를 돌보는 소박한 농경사회에서, 수도원은 정신적인 빛과 학문의 중심지로 우뚝 서게 되었다. 당시 수도 공동체들의 규모는 6세기의 것들보다는 훨씬 컸으며, 여기서 사람들은 풍성한 전례생활, 박식한 신앙활동, 학문에 대한 사랑, 지성적 교제를 할 수 있었을 것이다. 초창기에 열두 명의 형제들이 살던 작은 건물들은 백여 명의 수도승들이 기거할 수 있는 큰 복합건물로 변하였다. 거기에는 대성당, 병약자를 위한 시설, 손님 숙소 그리고 늘어나는 재산을 관리할 사무실들이 들어 있었다. 시간이 지남에 따라 수도원에는 많은 채식사본彩飾寫本, 유물 및 미술품들이 축적되었다. 제왕들로부터 가장 가난한 농부에 이르기까지 사회 각 계층의 순례자들과 방문자들이 기도하기 위해서, 또는 구호품을 얻으려고, 또는 보호와 환대를 받기 위해 수도원을 찾아왔다. 수도원 담 안의 봉쇄생활과 담 밖의 생활이 이렇게 혼합되는 것을 성 베네딕도는 예상하지 못했을 것이다. 그러나 이러한 변화는 수도 공동체 생활양식에 너무도 깊이 뿌리를 내려 뽑아낼 수가 없게 되었다. 수도원의 이러한 복합적 생활 형태는 많은 사람들에게 여러 가지 의미를 가져다주었다. 아빠스는 종종 정치적 중요인사가 되었고, 수도원 주변의 시골사람들은 수도원으로부터 효율적인 농법과 전문기술을 많이 배우게 되었다. 중세 베네딕도회의 역사를 쓴다는 것은 교회의 역사뿐만 아니라, 중세사회의 역사를 쓰는 것이라 해도 과언이 아닐 것이다. 유럽 모든 나라에서 소위 검은 수도복을 입은 수도승들은 유명해져 지주, 행정가, 주교, 저술가 또는 예술가가 되었다. 영국의 대성당들의 절반 정도는 베네딕도 회칙의 영향하에 있었다. 그간 줄곧 새로운 수도원들이 설립되고 있었는데, 특히 이들은 10세기부터 원래의 수도규칙을 재정립·재강조하려는 수도원 개혁세력의 자극을 받았다. 첫째로 나온 것이 클뤼니Cluny 수도원이고, 그 다음이 시토회Citeaux인데, 이들은 본줄기에서 나온 가지들이었다. 이 가지들은 날로 복잡해지는 사회의 새로운 요구에 부응하여 생겨났지만 규칙서의 핵심은 놓치지 않았다. 초창기 클뤼니 수도자들은 멋진 의식儀式과 행정을 강조하였으며, 장엄한 예배를 가장 중시하였다. 그런데 시토 회원은 그때까지 소홀히 다루었던 힘든 육체노동과 내핍생활로 되돌아갔다. 13세기 초엽인 1200년경에는 잉글랜드와 웨일즈에서만 **검은 수도복을 입는** 수도회는 300개나 되었으며(1066년의 50개에 비하면 놀라운 증가다), **흰색 수도복**(시토 회원들은 모직 천에 염색을 하지 않아서 검은 수도복의 베네딕도 수도승과 구별된다)의 수도회는 1200년경에 70개나 되었다. 오늘날 영국에는 베네딕도회와 시토회 수도원의 유적에서 멀리 떨어져 살거나, 또는 중세 베네딕도 공동체의 성당이었던 대성당들을 모르는 사람이 거의 없다.

그러나 우리는 과거 역사의 현존과 영향력에 경의를 표하면서도 너무 쉽게 잊고 있는 것이 있으니, 그것은 영국 교회가 베네딕도 수도회와 지속적으로 연결관계에 있다는 사실이다. 중세의 영국에서는 베네딕도 수도회의 영향력이 너무도 막강하여 종교개혁 당시의 교회에 그 흔적을 남겼다. 예컨대, 크랜머Cranmer가 전통적으로 사용해 오던 수도회 성무일도를 축약하여 편집한 『아침기도서』(Matin)와 『저녁기도서』(Evensong)가 본당과 대성당 예배에서 계속 사용되고 있는 것을 보더라도 그 영향력을 알 수 있다. 성직자와 평신도들이 매일 시편 낭송과 규칙적인 성서 봉독을 통해서 영적 자양분을 얻고 있으니, 베네딕도회의 정신은 성공회 기도의 뿌리라 해도 과언이 아니다. 따라서 베네딕도회의 예배방법이 균형과 중용에 있어서 단연 으뜸이듯이 우리 교회의 방법도 그러하다고 나는 믿는다.

오늘날 수많은 성공회 신자들과 로마 가톨릭 신자들이 『베네딕도 규칙서』에 따라 수도생활을 하고 있다. 참으로 놀라운 것은, 지난 1,500년이라는 긴 세월을 지나 오면서도 열두 명으로 구성된 초기의 작은 공동체들과 저 위대하고 강력했던 중세 교회들과 놀랍도록 다양하게 표현되는 현대의 수도원 생활이 하나의 띠로 연결되어 있다는 사실이다. 이것이 어떻게 가능한 일인가? 어떻게 『베네딕도 규칙서』가 수도 공동체에 입회하지 않고 그리스도를 따르려는 사람들에게까지 적용될 수 있는가? 이 의문에 대한 대답은 아마도 성 베네딕도에 관한 성 그레고리오 대종의 이야기 중에서 찾을 수 있겠다. 대답의 힌트는 『성 베네딕도의 전기』(대화집 제2권)에 있는 것이 아니라 『대화집』 제3권에 있다. 마르티노Martinus라는 은수자가 몬떼까시노 가까이 있는 외딴 동굴 벽에 자기 몸을 사슬로 묶었다. 이 소식을 들은 성 베네딕도는 그에게 다음과 같은 전갈을 보냈다: "만약 당신이 진실로 하느님의 종이라면 쇠사슬로 자신을 묶지 말고 그리스도로 묶으시오." 이렇게 성 베네딕도는 그 은수자의 시선을 그리스도에게 향하도록 하였다. 이야기는 이렇듯 단순하다. 그리스도는 시작이요, 길이요, 마침이다. 규칙서는 규칙을 넘어 바로 그리스도 그분을 가리키고 있다. 이것은 시대를 초월해서 진실로 하느님을 찾는 모든 사람들에게 삶의 여정에서 필요로 하는 가장 알맞은 지혜를 발견하게 해주었고, 또한 앞으로도 계속해서 그렇게 해줄 것이다.

묵상과 기도

젊은이들아, 와서 내 말을 들어라.
두려운 마음으로 야훼 섬기는 길을 가르쳐 주마.

(시편 34,11)

거룩한 삶을 사는 사람이 있었으니 그의 이름은 베네딕도였다.
하느님의 축복이 그의 머리 위에 내리셨다.

(성 그레고리오 대화집 II,I)

사랑은 사랑하는 사람의 삶을 책임진다네.
그 사랑 클수록 고통 더욱 커지고,
그 사랑 충만할수록 하느님을 더욱 사랑하게 된다네.
그 사랑 열렬할수록 기도 더욱 뜨거워지고,
그 사랑 완전할수록 삶은 더욱 거룩해진다네.

(스타렛즈 실루안)

거룩하고 복되신 성 베네딕도님,
천국의 은총으로 당신께서 부유해지시고
너무도 선하시어 바라시는 영광 얻으시고
성자 되시어 천국에 들어가셨으니,
같은 축복 받는 사람 많게 하소서.
당신 삶에 경탄하고,
친절한 권고에 감동하고,

다정한 가르침 배워,
당신 기적 체험케 하소서.
주님의 축복 받은 성 베네딕도여,
그토록 큰 축복 받으셨으니,
저의 열렬한 기도 받아주시고,
저의 간절한 소망 들어주소서,
저는 너무도 부족하여 견딜 수 없습니다.

(성 안셀모)

진주 따는 사람이 옷을 벗고 물속에 뛰어들 듯이, 모든 것 벗어 버린 수도승은 한평생 자기 안에서 그 진주 — 그리스도를 찾아 나선다. 그렇게 그분을 찾고 나면, 그분 외에는 세상 어떤 것도 구하지 않는다.

(토리노의 이사악)

그분이 행한 기적들을 통해서 그분이 성인임을 알아볼 수 있으나, 그분이 어떻게 성인이 되셨는지 나는 모른다. 나는 그것이 알고 싶다. 나의 흥미를 끄는 것은 과정의 완성이 아니라 그 과정 자체이다. 내가 바라는 것은 성자가 되는 것이 아니다. 그분께서 이기심과 죄의 유혹과 싸워 위대하신 하느님의 마음에 이르기까지 그분의 영혼 속에 무엇이 소용돌이치고 있었는지 알고 싶은 것이다.

(M. 레이몬드 OCSO)

만일 누가 하느님의 사람인 성 베네딕도의 참모습을 보고 싶어 하거든 그분이 지으신 규칙서를 보게 하여라. 성인께서는 먼저 직접 삶으로 체험한 것 — 규칙서의 규칙들 — 외에는 아무것도 가르칠 수 없었을 것이기 때문이다.

(성 그레고리오 대화집 II, 26)

전능하신 하느님,
성 베네딕도께서는 당신의 은총으로
당신 사랑의 불로 타올라
교회의 타오르는 빛나는 등불이 되셨습니다.
똑같은 수도와 사랑의 정신으로 저희를 불타게 하시어,
빛의 자녀로 당신 앞을 걸어갈 수 있게 하소서.
우리 주 예수 그리스도의 이름으로 비나이다.

주

『베네딕도 규칙서』를 방주에 비유한 것은 Gordon Rupp, "St Benedict, Patron of Europe", *Church Quarterly Review* 1/1, 1968, 13-21에 따른 것이다. 본장을 쓰는 데 이 논문이 도움이 되었다.

『대화집』*Dialogues* 제2권은 여러 판이 있는데 나는 Myra L. Uhlfelder의 번역본(New York: Bobbs-Merrill Company Inc. 1967)을 사용하였다. 성 그레고리오의 생애에 대한 해설은 *Collegeville Text of the Rule* 서문 "St Benedict of Nursia", 73-9와 Ambrose Wathen, "Benedict of Nursia: Patron of Europe, 480~1980", Part II, "The *Vir Dei* Depicted by Gregory the Great", *Cistercian Studies* XV, 1980, 229-38에 의존하였다.

규칙서에 나타나는 완벽한 지혜에 관해서는 Claude J. Peifer OSB, "The Rule of St Benedict – Present State of the Question", William Skudlarek OSB (ed.), *The Continuing Quest for God*, Collegeville: Liturgical Press 1980에서 더 깊이 논의되고 있다.

규칙서에 관한 현대적 연구로는 Sir Richard Southern, "St Benedict and His Rule", *Ampleforth Journal* LXXXVII/1, 1982, 16-28이 있다.

Rev. Prof. Owen Chadwick은 *The Making of the Benedictine Ideal* (Thoma Verner Moore Memorial Lecture 1980), Washington DC: St Anselm's Abbey 1981에서 『스승의 규칙서』*The Rule of the Master*와 『베네딕도 규칙서』*The Rule of St Benedict*를 명쾌하게 비교하고 있다. 이것은 본장 20-1쪽을 쓰는 데 도움되었다.

중세 베네딕도 수도회의 역사를 한두 단락으로 요약하는 것은 불가능하다. 여기에 대한 훌륭한 연구서는 무수히 많다. 가장 짧게 기술하고 있는 책으로는 David Knowles, *Christian Monasticism*, World University Library, Weidenfeld & Nicolson 1969와 George Zarnecki, *The Monastic Achievement*, Thames & Hudson 1972. 영국의 베네딕도 수도회에 관한 가장 훌륭한 저서로는 David Knowles, *The Monastic Order in England*, Cambridge 1963[2]이 있다.

Robert Hale, *Canterbury and Rome: Sister Churches,* Darton Longman & Todd 1982는 성공회의 베네딕도 뿌리에 대해서 한 장 ("Discovering Consanguinity: The Monastic Benedictine Spirit of Anglicanism")을 할애하고 있다. 저자는 베네딕도 수도회의 균형·절제와 성공회의 중용 사상을 비교하는 데 큰 관심을 보이고 있다.

묵상과 기도에서 Staretz Silouan의 인용구는 *The Undistorted Image*, Faith Press 1958에서 따온 것이다.

성 안셀모의 기도는 *The Prayers and Meditations of St Anselm*, trans. by Sister Benedicta Ward SLG, Penguin 1973에서, 레이몬드의 기도는 *The Family that Overtook Christ*, Dublin: Clonmore and Reynolds 1944의 서문에서 인용.

묵상과 기도에서 인용한 시편은 The Alternative Service Book의 역서에서 따왔다. 현대의 번역본은 시편이 모든 세대에 전하는 의미를 이해하는 데 도움을 준다.

마지막 기도는 The Alternative Service Book에 나오는 어느 아빠스의 기도이다.

· 2 ·

초 대

"성서의 인도함을 따라 주님의 길을 가자."

"잠에서 깨어나야 할 때가 이미 왔다. … 눈을 뜨고 … 귀기울여 듣고 … 생명의 빛이 있는 동안 달려가자"(규칙서 머리말 8-13). 잠에서 깨어나고, 말씀을 듣고, 행동하라는 이 긴박한 요구는 6세기 성 베네딕도가 중부 이탈리아 아펜니노 산맥의 어느 산 위에 세운 수도 공동체 몬떼까시노의 수도승들을 향한 외침이었다. 이 인용구는 규칙서에서 따온 것이다. 규칙서에는 성 베네딕도가 제시하는 수도승 생활의 목표와 규범이 9,000개 정도의 낱말로 수록되어 있다.

규칙서는 73장으로 나뉘어져 잘 짜여 있다. 여기서 성 베네딕도는 수도승의 세 가지 서원인 "순명"順命(oboedientia), "정주"定住(stabilitas), "정진"精進(악행을 버리고 선행을 닦음, conversatio)에 요구되는 기도, 노동, 공부, 손님 접대, 권위, 소유 등의 기본 요소들을 차례로 다루고 있다. 규칙서의 참신함과 현장감은 1,500년이 지난 지금도 손상되지 않고 그대로 유지되고 있으며, 우리 모두의 삶에 적용된다. 규칙서는 머리말 시작부터 "누구든지 들을 귀가 있는 사람은 들어라"는 말씀으로 규칙서에 접근하는 길을 활짝 열어 놓았다. 성 베네딕도는 제자들에게 열을 올려 말을 할 때, 그들을 어떤 때는 **군대의 신병**이라 부르기도 하고 **하느님을 경배하는 일꾼, 길을 가는 나그네, 학원의 제자** 등으로 때에 따라 호칭을 달리했다. 제자들은 이런 호칭을 각자의 입장에서 듣게 된다. 이런 사람에게는 이렇게 심금을 울리고, 또 저런 사람에게는 저렇게 심금을 울린다. 그러나 한 가지 공통점이 있다. 그것은 그 말씀을 지금 들어야 하고, 우리가 스스로 각성해야 하며, 관심을 가져야 하는 것이다.

이 규칙서는 우리 모두가 필연적으로 직면하는 삶의 가장 기본적인 문제들에 대한 우리의 통속적 사고방식에 의문을 제기한다. 우리는 어떻게 성숙해야 하고 참된 자아실현을 이룩할 것인가? 어디에서 치유받고 완전하게 될 수 있겠는가? 우리의 주변 사람들과, 물질세계와 하느님과의 관계를 어떻게 정립할 것인가? 그 길은 창세기와 인간의 타락사에 나타난 갖가지 소외 현상들 — 인간 상호간의 소외, 자연환경과의 소외, 하느님과의 소외를 해결하는 데 있다. 하지만 먼저 풀어야 할 것은 내 안에서 일어나는 소외 현상이다. 그러므로 성 베네딕도는 규칙서에서 회의, 상담, 설교, 토론 등에서 항상 들을 수 있는 친숙한 낱말들 — 뿌리 · 소속 · 공동체 · 완수 · 나눔 · 여백 · 경청 · 침묵 — 을 자주 사용한다. 그 의도에는 성숙한 인간이 되기 위해서는 서로 사랑하고 사랑받아야 하며, 인간은 단지 공간적 의미에서만 아니라 정신적으로도 속하는 곳이 있어야 하며, 자유가 필요하지만 권위도 인정해야 한다는 사상이 포함된다. 규칙서에는 역설들이 많이 나온다. 예컨대 우리 모두는 시장판에서도 살고 사막에서도 살아야 한다. 공동기도에 참여해야 하지만 동시에 혼자서도 기도할 수 있어야 한다. 정주에 전념하면서 변화에도 개방적이어야 한다. 이렇듯 삶의 복합성은 피할 수 없는 것이다. 하지만 성 베네딕도의 마지막 역설은 이러하다: 하느님께 달려가는 것이 간단하고 쉬워 보이지만, 이것은 우리의 모든 힘을 필요로 하는 것이다. 이렇듯 지극히 단순한 듯이 보이는 요구사항들을 받아들이기 위해서 우리는 온갖 대가를 지불해야 한다.

온전하고 충실한 백성으로서 하느님께 나아가려고 할 때 감당해야 할 현실들을 직면하려면, 우리는 누구나 다 하느님의 도우심을 필요로 한다. 규칙서 머리말에 낯선 내용이나 새로운 사실은 아무것도 없다. 그것은 옛 지혜이면서도 현대적이며, 모든 사람의 가슴에 있는 신성神性에 호소하는 것이다. 이 신성은 완전히 꺼져 있지는 않지만, 다시 불 붙일 필요가 있기 때문이다. 미래상 없이는 희망도 없으므로, 극도로 복잡한 현대를 사는 사람들은 더욱 열렬히 자기들의 미래상을 갈망한다. 『베네딕도 규칙서』가 우리 모두에게 의미있는 이유는 바로 우리의 미래상을 제시해 주기 때문이다. 『베네딕도 규칙서』는 인간 내면의 욕구에 대한 해답이다.

그러나 오늘날 "규칙"이라고 하면 제약 · 억제 · 통제 심지어는 관료주의 같은 의미를 내포하기 때문에, 우리 중에는 『베네딕도 규칙서』와 같은 안내서나 방법을 곱지 않은 눈으로 보는 이들도 많을 것이다. 성 베네딕도가 "이것은 초보자들을 위한 최소한의 규칙"(규칙서 73,8)에 지나지 않는다고 겸손하게 주장해도 그들의 귀에는 곧이들리지 않을 것이다. 그러나 『베네딕도 규칙서』는 규정집도 법전도 아니다. 그것은 명령하는 것이 아니라 길을 제시해 주는 것이다. 규칙서는 삶의 기본적 요소들을 확고히 포착하여 실생활에 적용함에 있어서 자신있게 융통성을 가미한 창작품이다. 지난 1,500년 동안 베네딕도적 수도생활을 해오는 사람들은 이 규칙서로 되돌아와서 이것을 개인의 쇄신과 공동체 개혁의 발판과 원천으로 삼아왔다. 그 이유는 이 규칙들이 여전히 합리적이고 적절하고 고무적이기 때문이다. 그러므로 수도원 울타리 밖에서 사는 우리들도 어떤 일에 종사하든지간에 『베네딕도 규칙서』를 공부하면, 그 규칙서가 지니고 있는 현장감과 실용성과 생생한 지혜가 우리의 문제에 해답이 된다는 사실을 발견하게 될 것이다.

『베네딕도 규칙서』 어디에도 비범한 이들이 위대한 일을 수행하도록 격려하는 내용은 찾아볼 수 없다. 그의 수도승들은 모두 보통사람들이므로 그는 보통사람들이 할 수 있는 방법으로 그들을 안내한다. 약자와 보통사람을 중시하는 것이 위대한 규칙서의 지도원리 중의 하나이다. 바실 흄Basil Hume 추기경이 말씀하신 것처럼, 보통사람이 이 원리에 따라 살면 "참으로 특별한 가치를 지닌 삶을 살 수 있게 되는 것이다". 규칙서는 여러 곳에서 인간의 나약함을 고려하고 있다. 성 베네딕도는 "우리는 이것을 설립하는 데 거칠고 힘든 것은 아무것도 제정하기를 결코 원치 않는다"(머리말 46)라고 하셨다. 베네딕도의 이러한 접근법은 토마스 머튼Thomas Merton이 1945년 미국 켄터키 주에 있는 게쎄마니 시토회 수도원에서 수도생활을 시작할 때 쓴 다음의 짧은 구절에 잘 표현되어 있다: "하느님의 영광을 위하여 일상적인 일을 조용히 그리고 완벽하게 하는 것이 베네딕도회의 순수하고 아름다운 삶이다."

아마도 규칙서를 처음 읽는 사람은 대부분의 규정들이 상당히 무미건조하다고 여길지 모른다. 왜냐하면 음식, 잠, 의복, 또는 문지기나 당가當家(cellarer)나 봉사자의 직무 같은 세속적인 문제를 다루는 장들이 많기 때문이다. 이런 것들은 세속적인 일에 속하는 것임에 틀림없다. 그러나 바로 그렇기 때문에 규칙서가 더욱 빛을 발하는 것이다. 그렇지만 다시 읽어보면 그렇게 무미건조하게 보였던 규칙들에서 발랄함과 생기가 넘친다. 여기에는 그리스도를 중심으로 일어나는 일상의 개인적 또는 공동체적 삶이 자세히 설명되어 있기 때문이다. 규칙서의 기본적인 의도는 그리스도 바로 그분에 대한 각성을 고취하는 것이다. 그리스도는 군중 속에서도 우리를 살펴보시고, 우리에게 소리쳐 다가오시고, 우리의 인생 여정의 출발이며 목적이시다. "주님은 백성의 무리 중에 당신 일꾼을 찾으시며, '생명을 원하고 좋은 날들을 보고자 하는 사람이 누구냐?'(시편 33,13) 하고 다시 소리 높여 외치신다. 만약 이 말씀을 듣고 '저로소이다' 하고 대답한다면, 주님은 사랑으로 우리에게 생명의 길을 보여주신다"(머리말 14-16,20). 그 길은 기본적으로 우리 자신이 참으로 혼자서 가야 하는 길이다. 제40장은 음료의 분량과 같은 매우 실질적인 문제를 다루고 있는데, 고린토 1서에서 따온 인용구로 시작된다: "이런 사람은 이런 대로 저런 사람은 저런 대로 저마다 제나름의 은사를 하느님께로부터 받았습니다"(1고린 7,7). 이 말씀은 각 개인의 성장과 발전의 기반을 제시하고 있기 때문에 규칙서에서 매우 중요한 의미를 지닌다. 성 베네딕도는 지나친 규제로 사람의 정신을 질식시키려고 하지 않는다. 그는 인간의 모든 우발적 사건에 대하여 분명한 지침을 내리기보다는 그때그때의 필요를 인정하고 적절히 대응하도록 가르치는 데 역점을 둔다. 이것이 규칙서가 지니는 영향력의 비결이다. 베네딕도 회원인 데이비드 노울즈 Dom David Knowles 신부는 이 문제를 특유의 열정과 단순한 말로 표현했다:

> 그리스도적 완덕을 진지하게 추구하는 사람치고 이 규칙서의 도움을 받으러 가서 그 규칙서의 권고가 단지 신앙생활의 어떤 특정 단계나 특정 요구에만 적당한 말씀이라고 느끼고 돌아오는 사람은 없다. 오히려 이 규칙서에서 각자 자기가 구하는 바를 발견하게 된다. 규칙서는 어떠한 제한도 두지 않는 신적 보편성을 지니고 있는가 하면 복음의 가르침을 각 개인에게 강렬하게 제시하는 면을 지니고 있다.

"복음성서의 인도함을 따라 주님의 길을 걸어가자"(머리말 21). 사실 규칙서의 머리말은 첫머리에서 "그러므로 '우리가 잠에서 깨어나야 할 때가 이미 왔습니다' 하신 성서의 말씀에 분발하여 일어나도록 하자"라고 선언한다. 규칙서의 가장 큰 관심은 우리에게 복음의 가르침을 받아들이도록 가능한 한 강력하게 권고하는 데 있다. 하느님께서는 독자에게 직접 말씀하신다. 사실 성 베네딕도 자신은 주님의 말씀에 사로잡힌 사람이며, 몸소 말씀을 듣고 다른 사람들에게도 말씀을 듣기를 청하는 분이시다. 만약 우리가 그 말씀에 귀를 기울인다면, 그리스도와 관계를 맺는 은총의 기회를 얻게 될 것이고, 만일 말씀에 귀를 기울이지 않는다면 그런 기회를 놓치게 될 것이다. 머리말에는 성서의 말씀과 그 말씀이 우리 삶에 어떻게 작용하는가를 설명하기 위해서 두 가지 생생한 비유를 들고 있다. 말씀의 초대는 바로 "하느님으로부터 나오는 빛"이며, 또한 하나의 도전이라 할 수 있는 "하늘로부터 들려오는 음성"(머리말 9)이다. 이 도전은 시편 94,8에 나오는 말이며, 매일 성무일도에서 사용하는 말이다: "그분의 목소리를 오늘 듣게 되거든 너희 마음을 무디게 가지지 말라"(머리말 10). 도대체 지금 이 순간과 이 자리보다 더 절박하고 직접적인 것이 있겠는가! 어제나 내일 일은 오늘 일만큼 절박하지 않다. 규칙서는 매일 잠에서 깨어 성경 말씀을 듣는 것과 일반적 신앙생활을 하는 것을 잠에서 깨어나는 것에 비유하고 있다. 그것은 우리를 깨우는 빛과 외치는 목소리이다. 우리는 이 말씀을 반드시 들어야 하고, 들으면 반응을 보여야 한다. 규칙서 마지막 장인 제73장에서 성 베네딕도는 아예 변명의 여지를 없애기 위해 단호한 어조로 이 점을 다시 지적한다. 성서는 신적 권위를 지니며, "인생의 가장 참된 안내자"이다. 그러므로 규칙서 전체는 복음의 중심 주제를 포함하고 해설하고 실제로 실천하는 안내서이며, 말씀에 따라 살 수 있도록 우리를 도와 주는 보조서이다. 규칙서의 거의 모든 장에는 성서 인용문들이 실려 있거나 성서적 의미를 반영하고 있다. 신약성서가 구약성서보다 약간 더 많이 인용되고 있는데, 모두 합해 줄잡아서 300개를 넘을 것 같다. 비록 직접적인 인용이 아니더라도 철저히 성서의 언어와 비유에 젖어 있으며, 규칙서 전체에는 성서적 향기와 울림이 넘치므로 여기서 성서 인용의 분량을 어림하는 것은 거의 불가능하다.

베네딕도 수도 공동체가 하느님의 말씀에서 구하는 것은 지식이 아니라 생활의 활력이다. 그러나 현대를 사는 우리는 지식과 생활의 우선 순위를 바꾸어 놓음으로써 다음과 같은 의문을 품기 쉽다: 성 베네딕도는 성서를 너무 고지식하게 활용하는 것이 아닌가? 혹은 구약성서를 활용하는 것이 정당한가? 우리가 규칙서를 이렇게 학문적 시각으로 읽으면 규칙서의 완전한 효력을 체험할 수가 없다. 성 베네딕도의 근본 목적은 가능한 모든 수단을 동원해서 성서 말씀을 생활체험으로 만들려는 것이었다. 제7장은 "성서는 우리에게 소리쳐 말한다!"라는 말로 시작된다. 그러므로 우리를 향해 계속해서 말씀하고 계시는 하느님을 만나게 된다. 하느님의 말씀은 아무도 피할 수가 없다.

성 베네딕도가 규칙서를 저술할 당시, 성서는 기본적으로 듣는 것이었지 읽는 것이 아니었다. 대부분의 수도원에는 읽을 책의 수가 한정되어 있었다. 대부분의 독서는 성무일도를 바치는 동안에 행해졌으며, 개인적인 독서까지도 시적 효과를 내기 위해서 조용히 소리를 낮추어 읽는 것이 관례였다. 그러므로 수도승에게 성서는 읽는 책이 아니라 현장에서 직접 소리로 듣는 말씀이었다. 이렇게 된 것은 단지 독서 기법 때문만은 아니었다. 성서의 "외침"은 하느님께서 부르시는 음성으로 감지되는 것이다. 그 부르심을 듣는 사람은 그 소리를 각자에게 보내시는 살아 있는 생명의 말씀으로 받아들여야 한다. 하느님의 말씀은 정적靜的인 것이거나 과거의 것이거나 죽은 것이 아니다. 책갈피에 무력하게 잠자고 있는 것이 아니다. 말씀은 우리가 그 음성을 듣고 누구인지 알 수 있는, 이른바 살아 계시는 하느님의 현시顯示이다. 그 부르심은 단순히 먼 과거의 소리가 아니다. 말씀은 오늘 오시어 우리의 응답을 이끌어 내시고 우리와 대화하러 오시는 분이시다. 온갖 수단을 동원하여 하느님께 나아가는 매력적인 방법을 제시하는 기만적인 싸구려 책들이 범람하는 이 시대에, 규칙서는 우리가 말씀에 귀를 기울여야 하며, 말씀이야말로 우리의 지침서임을 절대로 망각해서는 안된다고 강하게 역설하고 있다. 규칙서 머리말에 명백히 밝혀져 있듯이, 규칙서의 목표는 복음을 따라 사는 삶을 이룩하는 것이다. 이러한 생활은 성 베네딕도에게는 무엇보다도 먼저 그리스도 안에 묻히는 삶을 의미한다. 이 성인의 삶의 시작과 끝이 그리스도였듯이 이 규칙서의 시작과 끝도 그리스도다. 성 베네딕도는 머리말에서 "자기 뜻을 단호하게 기꺼이 버리고 참 왕이신 주 그리스도를 위해 분투하고자 순명이라는 극히 강하고 훌륭한 무기로 무장한 여러분에게 나는 이 말을 하는 바이다"(머리말 3)라고 하였다. 그리고 규칙서 끝에서 이렇게 묻고 있다: "여러분은 하늘의 고향으로 달려가고 있습니까? 그렇다면 초보자를 위해 쓴 이 최소한의 규칙을 하느님의 도움을 받아 지키십시오"(규칙서 73,8).

그러나 초보자라는 말을 쓴다고 해서 그가 독자들을 모욕적으로 아이 취급하여 지나치게 돌봐 주고 보호하여 그들의 잠재능력을 막으려는 것은 아니다. 규칙을 지키는 것은 불가능할 정도로 어려운 것은 아니나 어려울 것임에는 의심의 여지가 없다. 성 베네딕도는 제자들을 "아들들"이라고 부르지만 "일꾼" 또는 "병사"라고도 부른다. 그는 약자에게는 동정을 보이지만 강자에게는 도전적이다. 약자에게는 온순하지만 교묘한 자기기만이나 회피하는 마음은 꿰뚫어본다. 규칙서는 우리에게 지나친 요구를 하지 않고, 각자의 능력에 따라 알맞게 조정한다. 그러나 그것을 잘 지키는 사람에게는 궁극적으로 자기배제自己排除의 경지로 올라가는 사다리가 되어줄 것이다. 규칙서는 인간적이면서도 미온적인 것은 용납하지 않는다.

규칙서가 제시하는 환경은 제자들이 살고 분투하고 고난을 겪어야 할 환경이다. 규칙서는 입법자가 제정한 법전이 아니라 실제적 경험에서 얻은 결실이다. 그러므로 여기에는 신학적인 원리들이 더러 나오지만 규칙서는 기본적으로 생활 자체의 체험에서 나온 것이므로 일상의 실제 생활 현장에서 그리스도 신자들을 위한 생활 지침서이다. 규칙서의 최근판에서 지적하듯이, 규칙서에 담긴 지혜는 규칙들을 실제로 살지 않고서는 제대로 진가를 맛볼 수 없다. 오늘날 수도 공동체에서 규칙서를 따르는 사람들은 주일마다, 해마다 그 가치를 알고 있다. 수도원 외부에 사는 우리들에게는 그 경험의 정도가 훨씬 약할 것이며, 따라서 규칙에 대한 이해와 올바른 인식의 깊이도 훨씬 얕을 것이다. 우리가 수도원 안에 사는 이들과 똑같은 경험을 안일하게 바란다든지, 수도서약 없이 사는 삶도 어떤 의미로는 완전한 봉헌의 삶에 비교될 수 있다고 생각하는 것은 주제넘은 일이 될 것이다. 그러나 만일 우리와 수련자의 출발점이 같다면, 그리고 진실로 하느님을 찾고 있다고 그들과 함께 선언할 수 있다면, 우리는 『베네딕도 규칙서』를 인생 여정의 안내자로 삼아 의지할 수 있을 것이다. 이때 우리는 특정한 경우에 우리에게 합당하거나 마음에 든다고 생각되는 부분을 선별적으로 취하기보다는, 오히려 한 위대한 성인, 모든 시대를 초월하는 이 위대한 창조적 저자에게서 어떤 영감靈感을 얻게 될 것이다. 그의 규칙서는 어디까지나 수단이지 목적이 아니다. 거기에는 늘 표현 이상의 함축적 의미가 들어 있으므로 독자들이 그것을 즐겨 배우고 성서로 돌아가서 어떤 일도 그리스도를 섬기는 일보다 더 중히 여기지 않는다면, 성 베네딕도께서는 틀림없이 기뻐할 것이다.

묵상과 기도

오늘 너희는 그의 말씀을 듣게 되리니 …
너희는 마음을 완고하게 굳히지 말아라.

(시편 95,7-8)

아들아, 유순하고 열린 마음으로 경험 많은 아버지의 말씀을 들어라. 아버지는 너희에게 오랜 세월을 통해 얻은 지혜를 자애롭게 보여주신다. 주님께서 친히 필요한 시간과 장소를 마련하시어 우리에게 늘 가르쳐 주시는 사랑의 봉사를 배워 실천하게 하신다.

주님의 학원에서 주님의 가르침을 충실히 따르는 데 싫고 힘든 것은 아무것도 없기를 바란다. 그러나 이기심을 고치거나 깊은 참사랑으로 나아가기 위해서는 가르침이 다소 싫고 힘들더라도 즉시 낙담하거나 놀래어 좁은 문으로 들어가는 길을 외면하지 말라. 그 길이 완전한 삶으로 직접 나아가는 길이다.

(베네딕도 규칙서 머리말)

롯 아빠스가 요셉 아빠스에게 와서 물었다: "사부님, 저는 힘껏 규칙을 지키고, 단식하고, 기도와 명상은 물론 묵상을 위한 침묵도 하고 있습니다. 그리고 힘껏 마음을 닦으려고 노력하고 있습니다. 이제 그밖에 무엇을 더 해야 합니까?" 원로 아빠스가 벌떡 일어나 하늘을 향해 손을 펴니 그 손가락이 열 개의 등불처럼 되었다. “그대는 완전히 변하여 불이 되시오” 하고 그가 말했다.

(사막 교부들의 금언집 LXXII)

예수님은 어두운 방으로 나를 인도하시네,
하지만 그전에 그분께서 지나가신 방은 더 어두웠었지.
주님 왕국 가는 사람 이 방문으로 들어가야 해.

(리처드 백스터)

복음의 문자를 통해서 성령님을 보는 사람은 복되도다.

(토리노의 클라우디우스)

우리는 묵상중에 반드시 새로운 사상을 발견해야 하는 것은 아니다. 읽고 이해한 그대로 성서의 말씀이 마음에 스며들어 자리 잡으신다면 그것으로 충분하다. 성모 마리아께서 목동들이 전해 주는 소식을 가슴에 새기셨듯이, 또한 뜻하지 않게 들은 말이 우리의 의지와는 관계없이 오랫동안 따라다니며 때로는 마음에 들어박히고 우리를 점령하고 마음을 상하게 하거나 또는 기쁘게도 하듯이, 묵상중에 하느님의 말씀은 우리 안에 들어오셔서 우리와 함께 머무신다. 말씀은 우리를 흔들어 깨우시고 그 안에서 작용하시어 우리를 온종일 말씀에 매어두신다. 말씀은 우리가 깨닫지 못하는 사이에 우리 안에서 일하신다.

(디트리히 본회퍼)

복음을 봉독할 때마다 그리스도께서 친히 여러분에게 말씀하십니다. 복음을 읽는 동안 여러분은 주님과 함께 기도와 대화를 하고 있는 것입니다.

(자동스크의 성 티크혼)

주님, 찬미받으소서.
저희를 위해 거룩한 복음 말씀 지으시어,
배우게 하시니 감사합니다.
바라옵건대 저희들이 좋은 태도로 말씀을
듣고, 읽고, 표를 하고, 배우며,
마음으로 터득할 수 있게 해주시옵소서.
또한 저희가 인내하고,
당신의 거룩한 말씀으로 위로받아,
구세주 예수 그리스도님을 통해서 받은
영생에 대한 복된 희망 가슴에 품고
절대로 놓치지 않게 해주소서.

주

이 장의 근간은 『베네딕도 규칙서』 자체이다. 내가 처음 접하고 좋아한 번역판은 Dom Basil Bolton OSB의 것이다. 이 번역판은 캔터베리 명의 수도원장 Dom Bernard Orchard OSB를 통해서 내게 전달되었으니 이 자체로 규칙서가 두 종파의 공통분모가 됨을 상징한다. 본서 집필에는 Timothy Fry OSB의 최신 번역판(Collegeville: The Liturgical Press 1981)을 사용했다. 이 책의 라틴어/영어 주석은 규칙서를 정확하게 읽는 데 도움이 되었고, 수도회에 관한 주제를 자상하게 해설한 부록과 색인은 참으로 값진 것이었다. 특히 성서 해석에 관한 467-77은 본장을 쓰는 데 큰 도움이 되었다.

36쪽 흄 추기경의 인용구는 1980년 Ealing 수도원에서 한 강론에서 비롯된 것으로, 강론집 *In Praise of Benedict, A.D. 480~1980*, Hodder & Stoughton 1981, 34에 수록되어 있다. 37쪽 Thomas Merton의 인용구는 John R. Sommerfeldt (ed.), *Simplicity and Ordinariness, Studies in Medieval Cistercian History* IV, Kalamazoo, Michigan: Cistercian Publications 1980, 3에서 따왔다.

특히 기쁜 것은 캠브리지에서 Dom David Knowles의 강의를 통해 내가 처음으로 중세사에 대한 이해를 얻게 된 점이다. 38쪽의 인용구는 짧지만 심오한 책 *The Benedictines*, Sheed and Ward 1929, 17에서 따온 것이다. 이 책은 오래전에 절판되었다가 Marion R. Bowman에 의해 약간 수정되어 1962년 재발간되었다(Saint Leo, Florida: The Abbey Press).

39쪽은 Emmanuel van Severus, "Theological Elements of the Benedictine Rule", *Monastic Studies*, Advent 1975, 45-6에 힘입은 바 크다.

40-1쪽은 Guy-Marie Oury OSB, *St Benedict, Blessed by God*, trans. by John A. Otto, Collegeville: The Liturgical Press 1980, ch. 3 "The Word of God"에 의존했다.

규칙의 해석과 본서 9장의 **묵상과 기도**는 Ambrose Wathen, "Benedict of Nursia, Patron of Europe 480~1980", *Cistercian Studies* XV, 1980, 106에 의한 것이다. 그외 본서의 **묵상과 기도**에 수록된 사막 교부들의 말씀은 Thomas Merton, *The Wisdom of the Desert, Sayings of the Desert Fathers of the Fourth Century*, Sheldon Press 1961에서 인용했다.

마지막 기도는 대림절 II (Advent II)를 위한 것이다.

·3·

경 청

"자유가 얼마나 위대한가,
우리는 자유에 초대받은 사람들이다."

규칙서 머리말의 성 베네딕도는, 장터 군중 속에서 팔려고 내놓은 물건에 행인들의 시선을 끌기 위해 고함치는 주님의 모습을 생생하게 연상시킨다. 이 외침은 공개적 초대이며, 누구나 걸음을 멈추고 말씀을 들어보라는 보편적 제안이다. 이것은 특별히 선별적인 초대가 아니라, 실제로 우리 각자에 대한 개인적 초대이다. 물론 성서에는 특별한 형식의 초대도 있다. 예를 들면 하느님께서 부르실 때 모세는 사막에 홀로 있었으며, 사무엘은 잠에서 끌려나왔고, 바울로는 앞을 보지 못하였다. 그런가 하면 시몬과 안드레아, 야고보와 요한은 단지 고기를 낚거나 그물을 수리하면서 일상 업무에 종사하고 있었으며, 목동 아모스는 무화과나무를 손질하고 있었다. 하느님의 부르심에 대한 현대 베네딕도 회원들의 경험담은 대개 아주 일상적이고 듣기에 편안하다. 다마스커스로 가는 길에서 바울로에게 일어난 사건은 예외적인 것이지만, 그의 일상 환경은 우리보다 훨씬 더 평범한 것이었다.

물론 성 베네딕도는 서원을 한 수도승들을 위해서 규칙서를 썼으므로 수도생활을 하는 사람들에게는 엄격히 요구하는 바가 분명 많았을 것이다. 그렇지만 그 자신은 사제가 아니었고 규칙서를 쓸 때에는 평신도 공동체를 염두에 두었기 때문에, 수도서원의 기초가 되는 그의 원리들은 그리스도를 따르려고 하는 모든 사람들에게 적용될 수 있는 중요한 원리이다. 그러므로 나의 노력이 아무리 꾸준하지 못하고 발전이 아무리 더디다 하더라도 나는 규칙서에서 여전히 삶을 받쳐주고 길을 비춰주는 지혜를 찾을 수 있다. 이제 그 복잡한 장터와 "참되고 영원한 생명"의 초대, 즉 만인에게 개방된 그 초대로 다시 되돌아가 보자. 사람은 누구나 이 초대에 응답할 수 있으나 전제조건이 있다. 이 초대에 대한 응답은 반드시 듣는 그 자리와 그 시간에 나와야 하며 그 응답에는 믿음과 행동이 뒤따라야 한다.

"들어라"(obsculta). 이것이 규칙서의 첫마디다. 제자들의 목표는 처음부터 하느님의 말씀을 예민하고 민감하게 듣는 것이다. 하느님의 말씀은 계시啓示인 동시에 사건이고 만남이다. 말씀을 듣는 것은 평생 학습 과정의 출발이다. 수도원 전체는 주님을 섬기는 학원이며 스승과 제자의 대화를 장려하되 경청하는 능력 배양을 기본으로 삼는다. "들어라"라는 이 단순한 낱말에는 풍부한 의미가 있다. 여기에는 경건하고 겸손하며 준비된 경청 태도라는 의미가 들어 있다. 이것은 단지 하느님의 말씀뿐만 아니라 여러 가지 다른 차원의 말, 예를 들면 수도규칙, 아빠스와 형제들의 말에 귀를 기울이는 것을 의미한다. 오늘날 우리는 과거 어느 때보다 경청 훈련의 효과가 얼마나 광범위하게 미치는지를 더 잘 이해할 수 있게 되었다. 다소 거창하게 알려지긴 했지만, 이른바 비언어적 전달방법에 익숙해지는 방법은, 듣기를 언어라는 좁은 영역에 국한시키지 말고 신호인식이라는 좀더 넓은 영역으로 확대하는 것이다. 특히 다른 사람들의 몸짓과 자세뿐만 아니라 우리 자신 안에서 나오는 신호에 대해서도 귀를 기울이는 것이다. 지난 수세기 동안 청교도적 억압으로 인해서 내 안에서 나오는 소리에 귀를 기울이거나 나 자신을 사랑하는 법을 배우거나, 나의 육신의 요구와 리듬에 주의를 기울이는 것이 억제되어 오다가 이제서야 비로소 진지하게 다시 받아들여지게 되었다. 내 등이 아픈 것을 억지로 참고 그것을 요통이라고 해서는 안된다. 그것은 신체나 정신의 긴장을 알리는 신호이므로 즉시 일을 멈추고 나의 몸과 마음의 소리에 다정하게 귀를 기울이고, 나 자신에게 부당한 요구를 하지 말아야 한다.

오늘날 학교교육은 정보의 획득에만 국한하지 않고, 학습에서 경험의 중요성을 인정할 정도로 더욱 개방적이다. 이러한 개방성은 성 베네딕도의 전인적全人的 경청 방법에서 잘 드러난다. 먼저 머리로 듣고 동시에 온몸으로 듣는 전인적 경청이 있어야 하고, 지적 동의와 사랑이 수반되어야 하며, 들은 것을 마음에 새겨 생활에 반영하려는 각성이 뒤따라야 한다. 어떤 경로를 통해서든 말을 들었다면, 비록 그 말이 내

몸의 어떤 통증처럼 반갑지 않더라도, 하던 일을 멈추고 그 말을 진지하게 받아들이고 나서 반응을 보여야 한다.

듣는 것에 귀를 기울인다는 말은 청각적 주의를 기울이는 것만을 의미하는 것이 아니다. 주의깊게 듣기 위해서는 마음에 맞든 안 맞든, 듣고 싶은 것이든 불쾌하거나 위협적으로 들리는 것이든, 먼저 듣는 것이 중요하다. 우리가 듣고 싶은 것만 가려 듣기 시작한다면, 예상치 못하고 이해할 수 없는 갖가지 방법으로 우리를 찾아오시는 하느님의 음성에 귀를 막는 것이 된다. 노인 병동을 예로 들어보자. 여기는 수많은 노인들이 생을 마감하는 곳이므로 매일 고통과 슬픔이 넘치고 있다. 그렇지 않다고 주장한다면 억지일 것이다. 그런데 냉혹한 시간에 쫓기며 살아가는 우리가 이곳에 와 보면 다른 차원의 시간을 수용하는 색다른 세상을 발견하게 된다. 이곳의 노인들은 똑같은 요구와 옛날 기억들을 끊임없이 반복해서 말하는데, 이것을 들어보면 같은 말을 끊임없이 반복하는 동방 정교회의 기도문을 듣고 있는 것 같다. 사람들 중에는 이러한 광경을 차라리 외면하고 잊어버리고 싶은 사람들도 많겠지만, 흔히 잘 알아들을 수 없이 반복되는 그분들의 말에서 — 말을 옳게 들을 수만 있다면 — 우리는 "시간 밖의 시간"(죽음의 시간)을 의식하게 된다. 이 시간을 우리는 항상 명심할 필요가 있다.

우리가 매일 매순간 남의 말을 온몸으로 듣는다는 것은 세상에서 가장 어려운 일 중의 하나일 것이다. 하지만 우리가 찾는 하느님을 발견하려면 이것은 매우 기본적인 태도이다.

받아들이기 어렵다고 해서 귀를 기울이지 않는다면, 성 브노아 쉬르 로아르의 아빠스가 멋진 말로 지적했듯이, "하느님 옆을 지나가면서도 그분을 알아보지 못할 것이다".

그러면 순명과 경청은 어떠한 관계가 있는가. 라틴어 oboedientia(순명)는 oboedire에서 왔는데 이것은 "듣다"라는 뜻의 audire와 어원이 같다. 그러므로 진정한 순명은 듣고, 들은 것을 행동에 옮기는 것을 의미한다. 바꾸어 말하면 순명한다는 것은 들음의 목적이 달성되도록 하는 것이다. 우리가 들은 것을 행동에 옮길 마음의 준비가 되어 있지 않다면 진정한 경청을 할 수 없다. 듣고도 아무런 반응을 보이지 않는다면 실제로 들었다고 말할 수 없다.

성 베네딕도의 이 말은 정곡을 찌른다. "제자들은 순명을 기쁘게 해야 한다. '하느님은 기꺼이 주는 이를 사랑하시기 때문'(2고린 9,7)이다. 만약 제자가 나쁜 마음을 가지고 순명하든지 또는 입으로 불평하는 경우는 물론이고, 마음속으로도 불평한다면, 비록 명령을 완수한다 하더라도, 불평하는 그의 속마음을 이미 들여다보시는 하느님께서는 그의 행동을 받아들이지 않을 것이다. 또 이런 일에는 아무런 은총도 따라오지 않을 것이며, 만약 보속하여 고치지 않는다면, 오히려 불평하는 자들에게 내려지는 벌을 받게 될 것이다"(규칙서 5,16-19). 그러므로 내키지 않는 반응을 보일 시간적 여유가 없다. 만약 나를 방해하고 나의 좋은 계획을 망쳐놓은 사람의 말을 외면한다든지, 또는 마음으로는 화를 내면서 입으로는 조용한 미소를 짓는 것은 속으로 분노를 감추는 가식에 지나지 않는다. 성 베네딕도는 이런 태도들을 좋게 여기지 않는다.

성 베네딕도는 자기의 진정한 소망을 규칙서 머리말에 거의 시적으로 표현하고 있다:

> 하느님의 계명 따라
> 길을 달려갈 때
> 우리의 가슴에는
> 형언할 수 없는
> 사랑의 감미로움이 넘치네(규칙서 머리말 49).

그러므로 순명은 실제로 사랑의 태도다. 그것은 하느님을 향한 사랑이다. 그런데 불평은 이런 사랑을 완전히 좌절시킨다. "세속의 행위를 멀리하라. 아무것도 그리스도께 대한 사랑보다 더 낫게 여기지 말라"(규칙서 4,20-21).

사랑에서 나온 순명의 결과는 내적 자유다. 규칙서 71장은 "순명은 미덕이다"라는 말로 시작되는데, 형제들간의 순명의 문제를 다루고 있다. 성 베네딕도는 이 단순한 표현을 통해서 순명은 부정이나 제약이 아니라 긍정이며, 나아가 우리를 하느님께로 인도하는 길임을 보여준다. 규칙서 머리말에서 제시한 그의 확신은 규칙서를 끝낼 때까지 변함이 없다. 즉, 우리는 오직 순명의 길을 따라서 하느님께로 나아가는 것이다. 이러한 확신은 머리말 시작에서부터 분명히 나타난다: "그러므로 불순종의 나태로 물러갔던 그분께, 순종의 노고로 되돌아가거라. 자기 뜻을 버리고 참된 왕이신 주 그리스도를 위해 분투하고자 순명이라는 극히 강하고 훌륭한 무기를 잡는 이들에게 나는 이 말을 하노라"(머리말 2-3). 그는 규칙서 말미에서 "착하게 살고 순종하는 수도승들"(규칙서 73,6)에 관해서 언급한다. 이들은 "서로 다투어 순종하는 법을 배운"(규칙서 72,6) 사람들이다. 이런 경지에 도달하는 길은 일찍이 제7장에서 설명하는 바와같이 "실천"뿐이다. 그리고 같은 장에서 그는 겸손에 대해서 언급한다: "겸손의 둘째 단계는 자신의 뜻을 좋아하지 않고 자신의 욕망을 채우기를 즐겨하지 않으며, 오히려 '나는 내 뜻이 아니라 나를 보내신 분의 뜻을 행하러 하늘에서 내려왔습니다'(요한 6,38)고 하신 주님의 말씀을 실제로 행동으로 본받는 것이다"(규칙서 7,31-32).

규칙서 제7장의 이 인용구에서 우리는 규칙서의 기본 사상인 겸손에 대한 성 베네딕도의 주장을 듣게 되는데, 그의 겸손에 대한 설명을 들으면 아마도 현대의 독자들은 놀라움을 금치 못할 것이다. 그의 주장에 대한 우리의 즉각적인 반응은 아마 매우 부정적일 것이다. 왜냐하면 그가 주장하는 겸손의 단계를 따르는 사람은 병약자이거나 무기력한 사람으로 여겨지기 쉽기 때문이다. 그런 사람들은 교회에서도 비굴하게 경건한 사람이거나 사람 취급 못 받는 혐오의 대상으로 비춰질 것이다. 그러나 이런 식으로 판단한다면 불행한 일이다. 겸손humilitas이라는 낱말 자체가 흙humus이라는 낱말과 어원이 같으며, 여기에는 인간이 흙에 묻힌다는 깊은 뜻이 들어 있다. 우리는 이 인간 조건에 대한 진실을 외면할 수 없다. 겸손을 수행하는 데에는 엄청나게 힘든 결심이 필요하다. 만일 여기서 성공하면 우리는 그리스도의 충실하고 자유로운 제자가 될 수 있는 힘과 활력을 얻게 될 것이다. 그러나 먼저 해야 할 일은 우리의 사생활을 망치고 타인들과의 관계를 해치는 아집이라는 요소를 버리는 것이다. 성 베네딕도가 "아집"이라고 말하는 것은 "이기주의" 또는 "자기중심주의"를 의미한다. "아집을 버려라"는 말은 "자유의지를 포기하라"는 말이 아니다. 자유의지는 우리가 창조주 하느님으로부터 받은 가장 위대한 선물 중의 하나이다. 성 베네딕도가 바라는 바는 우리가 아집과 이기심으로부터 해방되는 것이다. 인간의 이러한 속성들은 그 집착력이 너무도 강해서 하느님과의 자유롭고 개방적인 관계로 나아가는 길에 방해가 된다. 당면한 문제는 자유의지를 어떻게 사용하느냐 하는 것이다. 우리의 의지를 우리의 욕망과 충동에 맞추어 사용하면서 하느님으로부터의 독립을 주장할 것인가? 아니면 자유의지로써 다른 사람들에게 봉사하고, 더 나아가 그리스도께 돌아가기 위한 수단으로 사용할 것인가? 이것이 우리가 직면한 도전이다.

이 점에서 성 베네딕도는 우리를 크게 도와 준다. 그는 순명을 배우는 평생 학습 과정으로 우리를 안내한다. 규칙서 제7장은 자아정복이 가능함을 보여준다. 여기에 사다리 비유가 나온다. 사다리에는 열두 개의 자아정복을 위한 겸손의 계단이 있어 점진적으로 올라간다. 첫 단계를 오르고 나서 그 다음 단계를 오른다. 한 단계를 오르면 먼저 단계는 떼어버린다. 처음 일곱 개의 단계는 내적 의향意向의 성숙을 지향하고, 그 다음 다섯 개의 단계는 내적 의향의 결과인 외적 행동을 지향한다. 사다리의 첫 단계는 늘 내 눈앞에 계시는 하느님을 두려워하는 마음을 지녀야 한다는 것인데, 이것은 규칙서에서 몇 번이고 되풀이되는 내용이다. 즉, "하느님의 편재遍在를 절대로 잊지 말라"는 말씀을 그 바탕으로 삼고 있다. 하느님은 언제나 어디에나 계시다. 규칙은 이처럼 단순하다. 성 베네딕도는 하느님께서 항상 우리와 함께 계시다는 진리를 수도승들에게 다음과 같이 강조한다: "하느님께서는 천상으로부터 늘 그대들을 내려다보시고, 그대들의 행동은 하느님의 시야를 벗어날 수 없으며, 또한 천사들이 시간마다 하느님께 보고하고 있다는 사실을 염두에 둘 것이다"(규칙서 7,13). 우리가 하느님의 창조물임을 깨달으면 책임감이 생긴다. 내가 얼마나 겸손한가를 알려면, 먼저 이렇게 물어보아야 한다: 내가 하는 일은 무엇이나 다 하느님의 뜻에서 나오는 것임을 참으로 자각하고 있는가? 이렇게 자문해 볼 때 나는 의식적으로 "나의 모든 것"을 하느님 앞에 내어놓고, 하느님을 내 생활의 중심에 모시게 되어 나의 계획이나 성공을 염두에 두지 않게 된다. 이때 나의 모든 소유는 걸림돌이 된다. 미국의 어느 수녀원장이 규칙서 7장을 해설하면서 자기의 공동체 자매들에게 지적했듯이, 세상에는 일생을 통해서 그 사다리의 첫째 단계를 든든히 잡지 못하고 살아가는 사람들이 너무 많다. 왜냐하면 그런 사람들은, 생활의 역경은 하느님의 뜻이 아니라고 믿으며, 역경에 저항하고 그것을 거부하려고 하며, 생활의 주관자가 하느님이라는 사실을 인정하려는 마음의 여유가 없기 때문이다. 그러므로 제7장은 이와 같은 방법으로 나의 의지를 굴복시킬 것을 주장하고 난 다음에도 계속해서 나의 의지로부터 철저히 이탈할 것을 요구한다. 이 첫째 단계의 겸손은 나의 내부로부터 나오지만, 그 다음 단계의 겸손은 다른 사람들과의 관계에서 나온다. “하느님께 대한 사랑 때문에 온갖 순명으로써”(규칙서 7,34) 다른 사람들에게 복종하는 것은, 나의 힘과 오만을 포기하는 대신에 다른 사람을 통하여 하느님의 뜻을 찾는 일에 전념하는 것을 의미한다.

성숙하기를 원한다면, 타인에 대한 개방과 상호작용이 무엇보다 더 중요하다. 왜냐하면 나는 다른 사람이 지니고 있는 재능의 도움을 받아야 성숙할 수 있기 때문이다. 나의 한계성과 약점을 인정하고, 계속 나아갈 수 있기 위해서는 다른 사람들로 하여금 나를 지탱하게 해야 한다. 물론 이렇게 하면 나의 거짓 자화상도 만들지 않게 되고 충족을 자랑하는 마음도 잘라낼 수 있다. 이를 위해서는 우선 신뢰가 필요하다. 신뢰란 나의 약점에서 나를 구해줄 수 있도록 다른 사람의 힘을 인정하는 것이다. 물질에 대한 나의 집착도 깨끗이 버려야 한다. 성 베네딕도가 이 점을 얼마나 역설하는지 우리는 이후에 곧 알게 될 것이다. 하지만 못지않게 중요하고, 어쩌면 훨씬 더 어려운 일은 나의 야망과 자존심과 주장 그리고 다른 사람과 조금이라도 차별되고자 하는 소망을 버리는 것이다. 이 모든 것을 통해서 나 자신의 한계성을 다루는 법을 터득하고 나면, 나는 다른 이들의 한계성을 다룰 줄 알게 될 것이다. 내가 이 겸손을 배워 실천하면 다른 사람을 쉽게 비웃거나, 사물을 피상적으로 보거나, 성급하게 경멸하거나 비판하지 않을 것이다. 나의 약점을 알고 있는데 내가 무슨 권리로 다른 사람의 약점을 보고 그들의 인격을 훼손할 수 있겠는가.

겸손 사다리의 최상단에는 마음의 평온이 약속되어 있다. 이 평온은 하느님이 내 삶을 주관하고 계시므로 나는 자유인이라는 사실을 깨달을 때 얻어지는 것이다. 이 단계에 이르면 겸손에 대한 성 베네딕도의 설명이 왜 길어졌는지 분명해진다. 겸손은 내적 해방이다. 자기추구, 야망, 자족 등의 굴레에서 해방되는 것이다. 물론 신약성서에도 이런 가르침이 있다: 사람은 하느님을 섬길 때 완전한 자유를 발견한다. 이것은 또한 규칙서의 핵심 주제이다.

성 베네딕도는 순명을 수덕훈련으로 삼는다. 사람은 극단적 고행이나 단식이나 철야기도는 완벽하게 감당할 수 있으면서도, 자기의 의지나 의지에 수반되는 모든 것 — 독단적 자기도취, 자기기만 또는 스스로 목표를 세우고 다른 사람들에게 발표한 자기의 목표를 달성하지 못할까 두려워하는 마음 등은 떨쳐버릴 수 없다. 나 자신뿐만 아니라 다른 이들의 눈에 내가 실패자로 보이는 것은 한층 더 괴로운 일이기 때문일 것이다. 아마 성 베네딕도는 인간의 이러한 속성을 잘 알고 있었을 것이다. 이런 모든 속박에서 벗어날 때에만 인간은 노예의 상태에서 자유의 상태로 나아갈 수 있다. 우리는 과거 어느 때보다 자유를 더 열렬히 바라고 있다. 사실 나에게는 누구에게 투표하고, 무슨 음식을 먹으며, 어떤 상표의 물건을 살 것인가 하는 등의 엄청난 선택의 자유가 있는 것처럼 보인다. 그렇지만 얄궂게도 직업의 구조, 경제적 압박, 나에 대한 타인의 기대, 기존 제도, 교회 등으로 인해 나의 행동의 궁극적인 자유에는 제약이 따른다. 사람은 전혀 예상하지 않는 곳에서 함정에 빠질 수 있다.

그러나 여기서 성 베네딕도는 한 가지 약속을 하는데, 이보다 더 솔직한 약속은 없을 것이다. "이 규칙서는 여러분에게 부담이 되게 하려는 것이 아니라 오히려 여러분이 받을 자유가 얼마나 위대한지를 깨닫고 체험할 수 있도록 도와 주려는 것이다." 그러나 그 자유는 무엇을 위한 자유인가? 게쎄마니 수도원에서 토마스 머튼은 수련자들에게 "진정한 자유는 마음속 깊은 곳에서 여러분이 진정으로 하고 싶은 것을 할 수 있는 것이다"라고 대답하면서, 마음의 깊은 곳에 접촉하는 길을 알려주었다. 이때 그는 정주와 관련이 있는 낱말들, "나의 존재", "나의 실재", "하느님께서 내게 바라시는 것" 등을 사용하였다. 그의 다음 말에서 순명의 역할이 분명해진다: "매순간마다 하느님께서 내게 원하시는 바를 내가 할 수 있으면, 그것이 내가 마음속 깊은 곳과 접촉을 유지하는 길이다. 현실이 하느님의 뜻이며 우리의 응답을 요구한다. 나는 내가 하는 모든 일을 하느님의 뜻에 따라 선택하지 않으면 안된다. 나는 이 자유의지의 중심에 계시는 하느님과 늘 접촉하고 있어야 한다." 이것은 매우 어려운 선택이다. 불가능한 요구에 접할 때 느끼는 공포와 같은 것이다. 두 개의 악에서 하나를 선택해야 하는 것처럼 느껴지기도 한다. 이때 바칠 수 있는 유일한 기도는 수련자가 고백할 때 바치는 기도일 것이다: "약속하신 대로 나를 붙들어 주시고 살려 주소서. 나의 기대를 무색하게 만들지 마옵소서"(시편 119,116; 규칙서 58,21). 이 순간에 유일한 희망은 시편의 하느님께서 나를 보호하시기 위해 나와 함께 계심을 믿으며 그분의 도우심에 나 자신을 전적으로 의탁하는 것이다. 시편에서 하느님은 내가 막다른 골목에 다다랐을 때 나를 찾아오신다. 순명은 일종의 모험이다. 말은 쉬워도 행하기는 훨씬 더 어렵다. 순명은 내 손에 든 생명을 하느님의 손에 맡길 준비가 되어 있음을 의미한다.

그렇지만 우리는 순명을 통하지 않고서는 하느님께서 우리를 실제로 당신의 협력자로 삼으셨다는 사실을 이해할 수 없다. 결정의 순간에 또는 위기를 당할 때 하느님께서 우리에게 바라시는 것은 맹목적 순명이나 기계적 순응이 아니라, 자신의 행위에 대해 윤리적 책임을 질 수 있는 순명인 것이다. 혹시 우리가 과거를 회상해 보면 순명이 얼마나 우리의 성숙과 자아초월의 과정을 촉진시켰는가를 알 수 있을 것이다. 우리가 해야 할 일은 정답을 구하는 것이 아니라 좀더 자유롭고, 좀더 창조적인 것을 얻는 것이다. 최근에 베네딕도적 순명에 관한 토론회에서 다음과 같은 말이 있었다: "어떤 신자나 수도자가 주어진 상황에서 하느님의 뜻을 식별하는 방식은 글자맞추기 놀이의 답을 구하는 것과 같은 것이 아니다. 이 놀이에서는 답은 미리 짜놓은 계획에 정확히 맞아야 한다. 순명의 역할을 좀더 잘 보여주는 예는 블록쌓기 게임이다. 이 놀이에서 우리는 모든 지능과 감각과 사랑을 가지고 블록을 어떻게 쌓을 것인가를 생각해야 한다." 규칙서 어디에도 맹목적 순명의 개념은 없다. 비판적 기능은 나쁜 것도 아니고 불합리한 것도 아니다. 이 기능은 건설적으로 그리고 사랑으로 사용하도록 우리에게 주어진 것이다. 규칙서 제58장은 수련자가 책임 있는 결정을 내리는 여러 단계를 제시하고 있는데, 여기서 특별히 강조하는 바는 최종적인 서원은 반드시 의식적이고, 성숙하고, 자유로운 선택이 있은 후에 이루어져야 한다는 것이다. 그가 최종적으로 순명을 서약할 때 그 서약은 이미 그의 내면에서 나오는 자유로운 반응이며, 자유롭게 숙고하여 결정한 선택은 진정한 의미를 지닌다. 나중에 그 수도승은 받은 명령을 이행할 수 없음을 알게 될지도 모른다. 이런 경우를 위해서 규칙서는 이 문제를 다루는 자리를 마련하고 있다. "만일 맡겨진 일이 자기 힘에 너무 지나친 것으로 보이거든, 인내심을 가지고 적절한 때에 일을 수행할 수 없는 이유를 장상에게 말씀드려야 한다"(규칙서 68,2). 만일 말씀드린 후에도 장상이 전에 내린 결정대로 명령을 고수하거든 "하느님의 도우심을 믿으면서 사랑으로써 순명할 것이다"(규칙서 68,4). 이 사랑의 바탕은 지극히 중요한 요소이다. 순명은 궁극적으로 마음에서 나오는 것이며, 우리의 내면 깊은 곳에서 진실로 소망하는 바가 표현되는 것이다. 순명의 뿌리는 하느님의 뜻에 굴복하는 것이다. 이것은 자유와 겸손과 사랑을 통한 굴복이며, 하느님의 무한한 사랑에 온몸으로 "예" 하고 말하는 자발적 굴복이다. 외적 준수는 내적 동의에서 나오며, 우리의 자유의지를 꺾어서 그리스도의 뜻에로 향하는 것이다. 이렇게 함으로써 우리는 마침내 하느님의 협조자가 되는 것이다.

당신 계명 내 마음 흡족하오니
그 길을 따라 내달리리이다.

(시편 119,32)

여름이옵니다.
지극히 고요한 이 시간,
석조 교회의 나무 제대 앞에
무릎 꿇어 주님을 기다리옵니다.
계단에는 정적이 감돌고,
태양은 위대한 일 제가 한 것처럼
제 주위를 비추옵니다.
고요한 청중들, 저 밀집한 영혼의 무리,
저처럼 말씀을 기다리고 있습니다.
하느님, 제 입을 열어주소서,
그러나 아직은 마옵소서.
저를 통해 말씀하시는 분 주님인 줄 아오나,
제 입 열리면 귀한 말씀 못 듣나이다.
오로지 주님 뜻 찾아
기다리옵니다.

(R.S. 토마스)

생각해 보라. 저 쏟아지는 말씀. 아무 선전도 않으시고, 누구를 판단하지도 아니하신다. … 한밤중 숲속에서, 이 놀랍고 알기 쉽고 너무도 순수한 말씀, 이 세상에서 가장 큰 위로의 말씀, 온 산에 내리는 빗소리에 싸여 철저히 홀로 앉아 있는 이 시간, 이 얼마나 멋진 시간인가. … 내리는 이 빗소리, 아무도 시작하지 않았고, 아무도 중지할 수 없노라. 말씀의 비 내릴 만큼 내리리니, 그동안 나는 귀를 열고 경청하리라.

(토마스 머튼)

주님께서 선택하신 이곳에
모든 것 다 버리고 제가 왔나이다.
제 뜻 주님께서 아시듯
주님 뜻 알고 싶은 욕망뿐이외다.

말없이 사랑의 침묵중에
제 모습 주님 닮고,
재촉하는 주님 손길
온몸에 스며드시어
서로 일치하라 하시니
떨리는 마음으로
순종하겠나이다.

주 하느님, 인내와 확신으로 기다려 주시어 저희가 당신께 마음을 열었습니다. 저희는 당신의 말씀을 기다리오니 그 음성을 듣게 해주소서. 말씀하소서, 그리고 당신 아드님, 당신 평화의 말씀이신 예수님을 저희에게 보내 주소서. 주 하느님, 저희들도 인내와 확신으로 주님의 말씀을 기다리옵니다.

오, 당신의 거룩한 뜻, 모든 기쁨,
제 안에 충만케 하소서.
제 행위 마음대로 하게 하지 마옵시고
주님 사랑 크시오니
저의 갈 길 주님 손에 맡기옵니다.

(조지 허버트)

예수님, 제 마음의 갈망 확인하소서,
주님 위해 일하고, 말하고 생각하렵니다.
저로 하여금 성령의 불꽃 보호케 하사
그 불꽃 제 안에서 계속 타게 하소서.
저로 하여금 당신의 완전한 뜻 증명케 하시고
저의 믿음과 사랑의 행위 반복되게 하소서.
무한하신 당신 자비 죽기까지 베푸시고
흠 없는 희생제물 되셨습니다.

(찰스 웨슬리)

전능하신 하느님,
오직 은총으로 저희를 받아주시고,
당신을 섬기게 해주시옵소서.
성령으로 저희에게 힘을 주시고,
저희를 소명에 합당한 자 되게 하소서.
우리 주 예수 그리스도의 이름으로 비나이다.

주

본장 서두의 하느님의 부르심에 대한 이야기는 Daniel Rees and Others (ed.), *Consider Your Call. A Theology of the Monastic Life Today*, SPCK, 1978, 110-5에 주로 의존하였고, 이 책은 앞으로도 자주 언급될 것이다. 특히 189-205는 가장 유익하였고, 벽돌쌓기 비유는 202에서 빌려왔다.

본장 53쪽 성 브노아 쉬르 로아르St Benoît-sur-Loire의 아빠스의 말은 "The Work of St Benedict", *Cistercian Studies* XV, 1980, 157에서 인용했다.

겸손에 관한 내용은 Cardinal Basil Hume, *In Praise of Benedict*, 20-2와 *Searching for God*, Hodder & Stoughton 1977, 32-3 및 39에서 많은 도움을 받았다.

Sister Joan Chittister, *Living the Rule Today*, Benet Press 1982는 규칙서 제7장에 대해 좀더 명쾌한 생각을 하게 했다.

Thomas Merton이 Gethsemani 수도원에서 수련자들에게 가르친 내용은 *Cistercian Studies* IX, 1974, 55-65에 수록되어 있다.

묵상과 기도에 나오는 R. S. Thomas의 시 「무릎 꿇기」는 *Not that He Brought Flowers*, Rupert Hart-Davis, 1969, 32에서 인용한 것이다. Thomas Merton의 인용구는 "Rain and the Rhinoceros", in: *Raids on the Unspeakable*, New York 1966, 10에서 따온 것이다. 둘째 시는 익명을 요구하는 어느 베네딕도회 수녀의 것이다.

마지막 기도는 Alternative Service Book에서 주님 공현 대축일 II(Epiphany II)를 위한 것이다.

· 4 ·

정 주

"놀라 도피하지 말아라."

규칙서의 아름다움은 세 개의 수도서원, 즉 **정주**, **정진**, **순명**이 모두 상호 관련을 맺고 있다는 점이다. 이들을 각각 분리하여 하나씩 본다 하더라도 공통 주제들과 세목들에서 서로 밀접하게 연결되어 있음을 알 수 있다. 각 서원은 필연적으로 끊임없이 서로를 비추면서 내용을 깊게 하고 서로 의존한다. 이들을 통합하면 하나의 위대한 긍정이 된다. 언뜻 보면 이 서원들은 부정이나 속박이나 제한에 관한 것처럼 보일지 모르나 절대로 그렇지 않다. 이것은 그리스도인으로서 영세의 의미를 긍정하는 것이며, 그리스도와 함께 부활하기 위하여 그분의 수난과 죽음이라는 파스카Pascha 신비 속으로 들어가는 것을 수긍하는 것이다. 이를 위해서 우리는 몇 가지 매우 기본적인 요구에 직면하게 된다: **도피하지 말 것, 변화에 개방적일 것, 말씀에 귀기울일 것**. 이러한 요구사항들은 총체적이며 지속적 헌신을 바탕으로 한다. 역설적으로 들릴지 모르지만 이러한 기본 요구들을 받아들인다면 자유를, 진정한 자유를 얻게 될 것이다.

세 가지 서원 중에서 "정주"는 가장 기본적인 것이다. 이를 토대로 헌신과 충실에 관한 모든 문제가 대두된다. 이런 문제는 베네딕도회 수련자들에게 요구되는 것과 같은 엄격한 서원을 할 필요가 없는 세속 사람들에게는 이상하게도 놀라움으로 들릴지 모른다. 규칙서 제58장은 이와 관련된 문제를 생생하게 기술하고 있다. 첫 문장은 이렇게 시작된다: "누가 수도생활을 하고자 처음으로 찾아오면 그에게 쉽게 입회를 허락하지 말라." 그리고 그 청원자에게 4~5일 정도의 시간을 주어 계속 문을 두드리도록 내버려두어야 한다. 그 다음에 하느님께 나아가는 길에서 당하게 될 "모든 어려움과 시련들"(규칙서 58,8)에 대해서 그에게 미리 알려주어야 한다. 만일 두 달 후에 정주에 항구恒久할 것을 약속하면 그에게 규칙서를 차례로 다 읽어주고 이렇게 말해야 한다: "이것이 그대가 분투하고자 선택한 법이니, 지킬 수 있으면 들어오고 지킬 수 없으면 자유로이 떠나시오"(규칙서 58,10). 그래도 만일 그의 뜻이 여전히 확고하거든 수련자들의 방으로 인도하여 6개월간 다시 시험해 보고, 그 다음 4개월 후에 다시 시험해 본다. 여기서 매번 사용되는 말은 "만일 그의 뜻이 확고하면"이다. 이 과정을 다 거친 다음에 공동체 앞에 나와 서약을 한다. 그리고 문서로 된 그 서약(여기서는 단수 명사를 쓴다)을 제대 위에 엄숙히 올려놓는다. 그는 오랜 기간 동안 심사숙고할 시간적 여유를 가졌다(오늘날 교회에서 결혼서약을 허락하는 방식과는 놀라운 대조를 이룬다). 그리고 그 기간 동안에는 자유롭게 서원을 수락하거나 거절할 수 있다. 그러나 일단 수락을 결정한 다음에는 마음대로 수도원을 떠나거나 규칙을 어길 수 없다.

서원 과정에 수반되는 세부사항들을 보면, 초심자의 의지가 참으로 확고한지 않은지를 처음부터 시험하는 것이 얼마나 중요한지 알 수 있다. 헌신은 성서적으로 항구함을 의미한다. 히브리인들에게 나타난 여러 가지 계시 중에 하나는 하느님의 충실하심이었다. 하느님은 완전한 신뢰의 대상이다. 그분께서는 당신의 계약을 지키신다. 성서에는 하느님의 모습을 반석에 비유하는 장면이 여러 번 나온다. 다윗은 사울로부터 도망칠 때 "주님은 나의 반석 나의 요새"라고 노래한다. 항구한 믿음이란 바로 이 반석과 같은 것이다. 사람들은 모두 하느님 안에 정주해야 한다. 시편 작가는 "변치 않는 마음 내 안에 굳혀 주소서"(시편 51,12)라고 거듭거듭 애원한다.

정주는 인간생활의 기본이다. 정주의 역할에 대한 베네딕도의 인식은 이상주의적인 것이 아니라 근본적으로 현실적인 것이다. 사람은 누구나 흙이라는 고향으로 돌아간다는 사실을 의식할 필요가 있다. "내가 어디 있으며, 어디에서 와서 어디로 가느냐"를 먼저 묻지 않고 "내가 누구인가"를 묻는다는 것은 무의미하다. 뿌리를 모르는데 소속을 어떻게 알 수 있겠는가. 뿌리 없는 나무가 어떻게 성장할 수 있겠는가. 정주하지 않고서 어떻게 삶의 기본적 문제들에 직면할 수 있겠는가. 정주 없이는 참 자아를 발견할 수 없다. 삶에는 서로 상충되는 요구들과 관심을 가져야 할 일들이 너무도 많아서 마음이 흩어지고 삶의 중심이 무너지는 듯이 보일 때가 흔히 있다. 우리가 정주해야 할 시기에 선택의 문제로 고민하는 것은 당혹스러운 일이다. 인도 캘커타로 가서 데레사 수녀를 도와 봉사를 해볼까? 아프리카 탄자니아로 가서 나환자 자녀들을 도와볼까? 자유신학을 택할까 아니면 선禪을 택할까? 어린이 구호사업에 동참하거나 매맞는 아내들을 위해 일해 볼까? 채식주의자가 될까? 태양 에너지 운동에 투신할까? 사람들의 생각은 이렇게 이리저리 왔다갔다하다가 결국에는 각 분야에서 더 매력적으로 보이는 몇 가지 요소들을 피상적으로 섞어서 이것을 토대로 하여, 의도는 좋으나 설익은 잡동사니 이상들만 끌어모으는 꼴이 되고 만다. 이렇게 되면 삶도 당연히 혼란스럽고 피상적으로 전락할 것이다.

수도승적 정주는 이렇게 당혹스럽게 여기저기 쫓아다니다가 지치는 삶이 아니라, 자신이 속한 구체적인 이 공동체, 이 장소, 이 형제들이 나를 하느님께 인도하는 길이라는 사실을 받아들이는 것을 뜻한다. 자발적으로 건물 하나와 몇 에이커의 땅에 붙박혀 평생을 사는 수도승들은, "인간의 만족과 성취는 끊임없는 변화에 있는 것이 아니며 진정한 행복은 이 장소와 이 시간 이외의 다른 곳에는 없다"라고 말한다. 콜룸반 바이른Dom Columban Byrne OSB 신부는 규칙서의 가장 위대한 점은 봉쇄와 정주의 중요성을 강조한 점이며, 봉쇄구역과 정주생활이 자기의 삶을 바꾸어 놓고 지금의 자기를 있게 하였다고 말한다. 그는 "봉쇄생활은 나의 뜻을 꺾고, 나의 정당한 즐거움을 방해하는 무자비한 원수이며 … 수도원은 이승의 생활에서 내가 집착하고 정당하다고 여기는 모든 것을 묻어버리는 무덤이라고 생각하기 쉽다"라고 솔직하게 말한다. 그러나 그는 죽을 때까지 봉쇄구역에 인내로써 머물며, 이를 표현할 때 시금석·닻·천국문 등의 비유를 사용한다. 그는 이렇게 말한다: "나는 봉쇄구역을 떠날 수 없다. 이것은 사나운 파도에서 나를 잡아주는 닻과 같은 것이다." 그는 자기자신과 대면하는 것이 싫어질 때 도피하고 싶은 생각이 든다는 사실을 알고 있기 때문이다.

봉쇄와 정주는 분명히 밀접한 관련이 있지만 규칙서는 이 둘을 사실상 구별하고 있다. 정주는 단순히 장소에만 국한되는 것이 아니라 먼저 사람과 관련이 있다. 반면 봉쇄에는 엄격한 의미에서 물리적 또는 장소적 의미가 들어 있다. 토마스 머튼은 그의 저서 『수도승의 여정』*Monastic Journey*에서 사람들이 정주에 관하여 말할 때, 순전히 장소에 대한 개념을 머리에 떠올리기 쉽지만, 정주의 의미에는 "하느님의 계획을 전적으로 수용한다는 뜻과, 수도승은 다름아닌 바로 이 특정한 수도가족을 통해서 그리스도의 신비에 들어간다"는 뜻이 있다고 주장한다. 정주는 상황과 사람에 대한 투신의 문제이다. 사람들은 정주생활은 할 수 있어도 봉쇄생활은 할 수 없다고 생각하는 경향이 있다. 그러므로 여기에 대하여 성 베네딕도는 어떻게 이해하고 있으며 그것이 하느님을 찾는 이들의 삶에 어떤 역할을 하고 있는지 살펴볼 필요가 있다.

정주는 인내를 통해서 이루어진다. 어떠한 어려움에 처하더라도 항구할 것이며, 마음이 흔들리거나 도피하려고 해서는 안된다. 인내에는 지구력이라는 미덕이 포함되는데, 오늘날 이에 대해서 말하는 사람이 별로 없다. 만일 "어렵고 비위에 거슬리는 일이나 당한 모욕까지도 의식적으로 묵묵히 인내로써 받아들이며, 이를 견디어 내면서 싫증을 내거나 물러가지 않는"(규칙서 7,35-36) 사람이 있다고 하자. 성서는 이런 사람에 대해 "끝까지 참고 견디는 사람이야말로 구원받을 것입니다"(마태 10,22) 하셨고, 또 "마음굳게 먹고 용기를 내어라. 야훼를 기다려라"(시편 27,14)고 하셨으며, 성 베네딕도는 "충실한 사람은 비위에 거슬리는 모든 것까지도 주님을 위해 참아야 한다"(규칙서 7,38)라고 가르친다. 그러므로 정주는 불굴의 힘으로써 인내하는 것을 뜻한다. 성 베네딕도는 인내의 본뜻을 죽기까지 고난을 받을 각오라고 생각한다. 수도원 생활에서 정주는 공동체의 다른 구성원들과 함께하는 데서 이루어지므로 성 베네딕도는 수도원의 질서와 안정을 이루는 방법에 대해서 많이 언급하고 있다. 그러나 그는 목적과 수단을 결코 혼동하지 않는다. 공동체의 좋은 질서와 정주는 수단에 불과하다. 공동체의 목적은 각 개인이 하느님과 인격적인 대화를 할 수 있는 시간과 공간을 마련하는 것이다.

공동체 안에서 개인과 타인과의 사이에 균형을 유지하는 것은 말할 수 없이 중요한 일이다. 성 베네딕도는 서로 사랑하며, 무엇보다도 사랑으로 인내할 것을 특별히 강조한다. 사랑의 관계 안에서 인내한다는 것은 정주하고 성숙할 수 있는 공간을 타인들에게 허용하는 것이다. 이와 같은 인내로 정주하면, 우리는 수도 공동체나 가족이나 본당 또는 학교에서 견실하고 착한 삶을 영위하게 되어 변화를 부정하거나 부정적인 삶으로 전락하는 것을 막을 수 있다. 앞으로 우리는 변화와 정주가 어떻게 균형을 이루는지를 알게 될 것이다. 이 균형은 수도승들에게는 좀더 쉬울 것이다. 왜냐하면 수도승은 자유의사에 따라 수도원에 입회하여 변화의 삶을 받아들였기 때문이다. 그렇게 함으로써 그는 자기를 포함해서 모든 사람들에게 변화를 창조적인 것으로 만들어 갈 수 있는 가능성을 보여주는 것이다. 하지만 오늘날 결혼생활이나 직장생활을 봉쇄적이라고 생각하는 사람들이 너무 많다. 이들의 봉쇄적 삶은 수도승의 봉쇄적 삶과는 근본적으로 다르다. 왜냐하면 세속 사람들은 봉쇄를, 피하고 싶은 일종의 덫으로 간주하여 받아들이기를 거부하기 때문이다. 때로는 "만일 … 이기만 하면"이라는 교묘한 말로 백일몽을 꾸면서 실제로 결혼이나 직장 생활을 거부할지도 모른다. 가정생활이 지겨워지고, 결혼생활이 생기를 잃고, 직장의 일이 재미가 없게 되는 경우가 너무도 흔하기 때문이다. 문제는 이러한 어려움에 대처하는 방법이 잘못되는 데 있다. 이런 경우에 우리는 대개 기껏해야 창조적이지 못한 최소한의 노력을 마지못해 기울일 뿐이다.

인간은 한계성 때문에 오히려 창조성을 발휘할 수도 있다. 이것은 능력있는 예술가라면 누구나 다 알고 있는 사실이다. 한계성이 예술을 이해하는 데 기본이 되듯이 수도생활을 이해하는 데도 기본이 된다. 일상의 생활에서 한계상황에 부딪쳐 보면 이 말이 실감난다. 예술은 한계성 안에 존재한다. 예술가들은 제한된 물감과 화판이나 낱말이나 악보나 돌을 가지고 작업을 해야 하기 때문이다. 우리는 이 원리를 알고 있으나 혼란스럽고 단조로운 현대생활에 어떻게 적응하면 좋을지 잘 모르고 있다. 예를 들면, 기계적으로 반복되는 상행위에서, 사정없이 졸라대는 아이들을 돌보는 일에서, 또는 어떤 거대한 행정조직 안에서 겪는 좌절에서 한계성의 원리를 적용할 줄 모른다. 여기서 중요한 것은, 비록 단조로운 일들이지만 긍정적으로 받아들여 우리에게 유익하게 작용하도록 만드는 것이다. 결코 불리하게 작용하도록 해서는 안된다. 그런데 이렇게 말만 하기는 얼마나 쉬운가! 듣기는 얼마나 쉬운가! 이런 설교는 아직도 좌절감과 깊은 분노를 일으킬 뿐 아무 도움도 되지 않는 것처럼 들릴 것이다. 그렇지만 이와 같은 한계성을 통해서 우리의 삶은 자유롭고 충만해진다는 베네딕도의 주장은 역설적으로 들리지만 우리에게는 얼마나 고무적인 역설인지 모른다. 베네딕도의 정주는 이와 같은 인간의 봉쇄와 한계성에 대한 해답이다.

정주에 회피란 있을 수 없다. 오히려 아무리 불편한 것이라 하더라도 현실적 필요에 주의를 기울여야 한다. 정주생활을 하면 소외감에 빠지지 않을 뿐만 아니라 환상이나 백일몽으로 도피하지도 않으며 오히려 현실의 상태를 직시하게 된다. 우리가 해야 할 일이 아무리 무미건조하고 이득이 되지 않는 것처럼 보일지라도 그 일의 내적 가치를 외면할 수 없게 된다. 정주를 위해서는 현재의 일이나 요구가 무엇이든지간에 그것에 귀를 기울여야 한다. 그 이상도 이하도 아니다. 예술가는 바로 이 한계성을 알고 자기가 해야 할 일을 받아들여 활용한다. "필요한 일은 실제로 필요한 것이며, 변경할 수도, 회피할 수도 없다는 사실을 알고 불가피한 것을 창조의 수단으로 받아들일 때, 우리는 자유를 누릴 수 있게 되는 것이다."

정주생활은 기본적으로는 영적인 것이지 공간적인 것이 아니다. 그러나 이것은 공간과도 관련이 있으므로 일정한 공간의 범위 안에 머무를 수 있는 생활이다. 마음의 정주는 공간과 인간관계 안에서 이루어지는 것이다. 공간과 인간관계의 정주에는 나의 내적 정주, 즉 내적 일치와 일관성이 반영된다. 헨리 나웬Henri Nouwen이 제네시Genesee 트라피스트 수도원에 머물고 있을 때, 자기의 삶에는 정주가 결핍되어 있다는 사실을 알았다. 그것은 "한마음"(專念)의 결핍이었다. 이른바 "한눈만 파는" 생활을 하지 못하고 있다는 사실이었다. 그는 근자의 자기 생활을 되돌아보고 생활이 너무 분산되어 전혀 통일성이 없으며, 강의와 여행과 상담과 기도생활이 모두 개별적으로 이루어지고, 이로 인해 몸이 얼마나 급속히 피로해지고 기진맥진해지는지를 알게 되었다. 그는 이것을 "분산된 마음"이라고 불렀다. 이러한 생활 형태에 질서를 부여하기 위하여 그가 분투하는 것을 보면 내적 정주를 이룬다는 것이 참으로 얼마나 어려운 것인지를 아주 분명히 알 수 있다. 제네시에 머무는 동안 그는 자기 앞에 전개되는 사건들과 자기가 실제로 바라는 바가 크게 대조를 이루고 있음을 깨달았다. 그는 "집, 호텔, 기차, 비행기, 공항 어디에 내가 있든지 나는 초조하거나 불안해하거나 다른 곳에 있고 싶거나 다른 일을 하고 싶어하지 않았다. 하느님 친히 지금 여기에서 나를 필요로 하시기 때문에, 지금 여기가 나에게 가장 가치있고 중요한 곳임을 깨달았다"고 말하고, 다음과 같이 솔직하게 자문한다: 내가 수도원이라는 안전한 환경 밖으로 나가 산산조각으로 분산되었고 지금도 분산되고 있는 이 세상에 한번 더 살게 된다면 과연 이와 같은 정주를 계속할 수 있을까.

나웬의 말을 이해하면, 오늘날 우리 대부분이 경험하는 정주의 문제를 이해할 수 있다. 지역적 공간 개념으로는 정주에 이를 수 없으며 이치에도 맞지 않지만, 정주를 우리 안에 있는 어떤 내적 공간 개념으로 보면 우리는 거기에 도달할 수 있다. 그러나 굉장히 힘든 노력과 인내가 필요하다. 내적 정주에 이르는 요소들은 전혀 극적인 것들이 아니다. 나웬은 그보다 며칠 앞서 동일성의 중요성에 대해 깊이 생각하고 있었다. 그는 내심 자기가 다른 사람과 차별되고, 다른 사람의 시선을 끌고, 특별한 일을 하고, 새로운 공헌을 하고 싶었던 것이다. 그런데 수도생활은 그런 것을 허용하지 않고 오히려 다른 사람들과 더욱 같은 생활을 할 것을 요구하고 있었다. 우리는 남과 다르게 되고 싶은 욕망을 버리고, 특별한 주목을 받을 자격이 없다는 사실을 인정할 때만 하느님을 만나게 된다. 비록 우리는 고유한 존재이고, 하느님께서는 우리 각자의 이름을 부르시지만, 이것은 우리가 처한 환경에서 단조로울 수도 있는 평범한 생활과 모순되는 것이 결코 아니다.

규칙서의 머리말은 수도승을 하느님과 인간과의 관계 안에 두고, 규칙서의 나머지 부분은 이 두 가지 차원의 관계가 서로 교차된다는 사실을 주지시키고 있다. 때로는 하느님을 바라보고 "하느님의 일"에 관심을 가지는 수직적 관계가 강조되고, 때로는 타인들과의 관계와 공동체의 사랑에 관심을 가지는 수평적 관계가 강조되기도 한다. 규칙서는 또한 일상생활 형태를 통해서 수도승이 어떻게 시간에 복종하는 동시에 시간을 초월할 수 있는지를 보여준다. 수도원의 시간표를 정확히 따르는 일은 실제로 수도원의 질서에 관심을 두는 일보다 더 중요하다. 수도승은 하느님을 만나는 곳에 있어야 하며, 지체없이 그 시간에 순종해야 한다. 왜냐하면 그 시간은 현재의 시간이며, 영원한 현재이며, 시간의 안과 밖이 교차하는 중심지점이며, 여기서 하느님을 만나지 않으면 안되기 때문이다. 세속에 사는 우리의 삶은 분주한 생활에 대한 끊임없는 기대로 일관성이 없는 삶이다. 우리의 이러한 생활은 아침에 자명종 시계소리로부터 저녁에 대문 빗장을 잠글 때까지 우리가 선택하지 않았을 뿐더러 가급적 피할 수만 있다면 피하고 싶은 상황이나 사람들과의 만남이나 요구들로 이루어지는 생활이다. 그러나 우리가 하느님을 발견하게 되는 곳은 바로 이러한 한계상황들이다. 이러한 한계성을 이해하고 거기서 하느님을 발견하기란 결코 쉬운 일이 아니다.

런던의 앤소니 블룸Anthony Bloom은 자신의 수도생활에서 정주가 무엇을 의미하는지를 스스로에게 물어보았다. 그의 수도생활은 끊임없이 움직이는 삶이었으므로 대다수 세속 사람들의 생활과 유사한 점이 훨씬 더 많았다. 그의 말처럼 "땅위에 그려놓은 줄의 한계 안에 있다는 사실" 그 자체가 사람에게 안정감을 주는 것은 아니다. 오히려 "우리는 정주의 한가운데서, 하느님은 어디에나 계시고, 다른 곳에서 하느님을 찾을 필요가 없으며, 지금 내가 있는 여기서 하느님을 발견하지 못한다면 어디에서도 하느님을 발견할 수 없다는 확신을 가지게 된다. 왜냐하면 하느님 나라는 우리 안에서 시작되기 때문이다. 그러므로 정주의 첫째 조건은 내가 온전히 하느님 앞에, 말하자면, 움직이지 않고 서 있음으로써 장소 따위는 거의 문제가 되지 않는다는 확신을 가지는 것이다". 그러나 우리 대다수 사람들에게는 장소가 중요하다. 복잡한 슈퍼마켓보다 조용한 시골이 하느님을 찾기가 훨씬 더 쉽다. 런던의 앤소니는 여러 해 동안 수도한 수도승이며 주교이다. 반면에 우리는 초보자들이다. 하지만 우리는 정주에 대한 그의 이해를 뒷받침하는 원리를 인정할 수 있다. 그의 주장에 헨리 나웬도 공감한다. 그는 자기의 중심을 발견하고 온전히 그 안에 머문다. 이것이 마음의 정주인 것이다.

캐서린 드 후에크 도어티Catherine de Hueck Doherty는 사람들에게 "푸스티니아"poustinia(러시아어: 사막. 내적 침묵과 고독이라는 뜻)를 발견하도록 도와 주고 싶을 때 제일 먼저 "가만히 서 있기"를 권한다. 이것은 성 베네딕도의 방법으로서 어디서나 할 수 있는 일이다. 그녀의 말은 정주로 가는 길에 빛을 밝혀준다. 그녀는 분주한 도시생활을 하면서도 자기와 같은 삶을 사는 사람들을 위해 직접 체험한 것을 토대로 다음과 같은 글을 썼다:

> 푸스티니아는 마음에서 시작된다. 그것은 장소나 어떤 지리적 지점이 아니다. 집이나 방도 아니다. 그것은 마음속이다. 임

신부도 일상 업무를 수행하는데, 다만 다른 사람들과 다른 점은 뱃속에 아이가 있다는 점이다. 임신부는 몸 속에 비밀의 생명을 지니고 있다. 이 신비는 외부의 사정이 어떠하든지 완전하게 존재하며 여성뿐만 아니라 남성에게도 함께 적용되는 것이다.

성 베네딕도가 영적 차원에서 서원의 핵심인 정주에 이르도록 하기 위해 수도승들에게 사용한 수단은 항구함이었다. 사실 정주와 항구한 순명은 같은 서원의 양면이다. 우리는 이 둘을 분리함으로써 규칙의 내용을 지나치게 도식화해 온 감이 있다. 수련자가 앞으로 겪게 될 수도생활의 역경과 고난을 예고받은 후 맨 처음 하는 서약은 "정주 안에서 항구함"이다. 수도원 안에서 처음 두 달은 이 정주의 항구함을 시험하면서 보낸다(규칙서 58,9). 성 베네딕도는 항구함을 인내와 관련지어 주도권의 포기, 복종, 기다림이라는 의미로 본다. 때때로 항구함은 인내로 해석될 수도 있다. 수도승은 "역경과 모욕중에서 인내를 발휘하는 사람들이다"(규칙서 7,42). 때때로 항구함은 수난으로 해석될 수도 있다. "어렵고 비위에 거슬리는 일 또는 당한 모욕까지도 의식적으로 묵묵히 받아들인다"(규칙서 7,35). 여기에는 심신의 긴장 속에서도 "싫증을 내거나 물러나지 않고"(규칙서 7,36) 끝까지 버티어 낸다는 강한 의미의 인내도 들어 있다. 한편 물러나지 않는다는 말은 하느님께서 우리에게 주신 상황에서, 또한 우리와 함께 있는 사람들 안에서 끝까지 버티면서 도망하지 않고 계속 역경을 견디어 내는 것을 뜻한다. 그러나 다른 한편에서 보면, 머리말에 분명히 나타나있듯이, 성 베네딕도의 인내는 십자가의 신비에 동참하기 위하여 믿음으로 견디어 내겠다는 의지를 뜻한다. 침묵의 용기, 인내, 끈기, 수난을 위해서는 맨 먼저 나 자신을 받아들이고, 내가 누구인지를 알고, 수없이 많이 가까이 있는 도피 통로를 따라 나 자신으로부터 도피하지 말아야 한다. 나는 하느님 앞에서 나 자신에게 이것을 약속했다. 그 뒤에 따라오는 긴 여정은 십자가 수난과 부활하신 그리스도의 새로운 삶으로 나아가는 여정인데, 많은 위기와 시험과 도전의 연속이며, 때로는 그 요구들이 너무 커서 참고 견디는 것이 몇 번이고 죽음의 지경에 이르는 것과도 같다. "당신 때문에 우리는 온종일 죽임을 당하며 도살당할 양들같이 여겨졌나이다"(로마 8,36; 시편 43,22; 규칙서 7,38). 그러므로 머리말에서 규칙서의 강령처럼 들었던 "그리스도의 수난에 동참한다"는 말은 모든 역경을 무릅쓰고 계속해서 견디어 낸다는 뜻이며, 또한 중요한 것은 상처를 입지 않는 것이 아니라 물러서지 않는다는 뜻이다. 모든 문제의 최종 해결이 이루어지고, 내적 통일이 분명히 드러나는 곳은 바로 십자가 발치뿐이다. 정주에 이르기 전에는 십자가의 수난을 이해할 수 없다. 정주는 때로는 일상의 나약함과 혼란 속에서 견디며 살아야 할 신비로 남을 수밖에 없다. 우리가 붙잡고 매달릴 수 있는 것은 하느님에 대한 확고한 믿음뿐이다. 정주는 충실하시고 변함이 없으신 "하느님의 자비에 대해 절대로 희망을 버려서는 안된다"(규칙서 4,74)고 안심시키신 하느님의 약속에 대한 우리의 응답이다.

내 마음이 든든합니다. 하느님, 내 마음이 든든합니다.

(시편 57,7)

어떤 형제가 쉐떼(이집트 사막)에 있는 모세 아빠스를 찾아가서 한 말씀을 청했다. 장상은 이렇게 말했다: "당신의 암자로 가서 앉아 있으시오, 그러면 암자가 모든 것을 가르쳐 줄 것이오."

(사막 교부들의 금언집 XIII)

그렇다면 정주한다는 것은 무엇인가. 그것은 다음과 같은 말로 설명할 수 있을 것 같다. 하느님께서는 계시지 않는 곳이 없으니 다른 곳에서 하느님을 찾지 말라. 하느님은 바로 여기에 계시다. 이 사실을 깨닫는 순간 정주의 의미를 알게 될 것이다. 만일 우리가 여기서 하느님을 발견할 수 없다면, 다른 곳으로 하느님을 찾아나서는 일은 헛수고이다. 하느님은 늘 우리와 함께 계시는데 오히려 우리가 하느님으로부터 떠나 있다. … 다른 곳에서 하느님을 찾으려고 하는 일은 헛수고임을 명심해야 한다. 여기에 하느님이 계시지 않으시면 다른 어디에도 계시지 않으신다. 이 진리를 깨닫지 않으면 안된다. 이를 깨닫는 순간 내 안에는 진실로 풍요로운 하느님 나라가 충만하게 된다. 하느님은 모든 상황, 모든 장소에 계시다. "그러므로 나는 내가 서 있는 곳에 머물리라"고 말할 수 있다.

(앤소니 블룸 주교)

왜 정주하는가? 하느님께서 바로 여기 계시기 때문이다.

주님, 만물을 당신 빛으로 채우시기 위해 당신은 이 땅의 가장 낮은 곳까지 내려오셨습니다. 이제 아담의 모습 닮은 저의 알몸 숨길 곳 없나이다. 그러나 당신은 저를 사랑하시어 대신 죽으시고 묻히심으로써 저를 죽음에서 구해 내셨나이다.

(비잔틴 교회의 기도서)

고요하고 변함없는 사랑
당신의 평화 속에
그 깊이 여전합니다.
붙잡아 주소서
저의 흔들리는 마음을
그러면 저의 무능
당신의 정주에,
변함없는 당신의 불타는 사랑에,
닻을 내립니다.

어떤 장로가 이렇게 말했다: "우리가 도를 깨치지 못하는 이유는 우리의 한계를 모르기 때문이다. 시작한 일을 계속 밀고 나가는 인내가 부족하기 때문이다. 조금도 노력하지 않고 덕이 쌓이기를 바라기 때문이다."

(사막 교부들의 금언집 XXVI)

전능하신 하느님,
당신만이 죄인들의 잘못된 의지와 집착을
끊으라고 명하실 수 있습니다.
당신께서 명하신 일 사랑할 수 있도록
당신 백성에게 허락하소서,
당신 약속 바라게 하소서.
그리고 이 세상 복잡한 변화 속에서도
저의 마음 흔들리지 않게 잡아주시어
참 기쁨 찾게 하소서.
우리 주 예수 그리스도의 이름으로 비나이다.

주

수도서원들의 상호 관련에 관해서는 Ambrose Wathen, "*Conversatio* and Stability in the Rule of St Benedict", *Monastic Studies* 11, 1975, 1-44를 주로 참조했다.

70-1쪽의 생각은 James McMurry, "On Being 'at Home'. Reflections on Monastic Stability in the Light of the Philosophy of Gabriel Marcel", *Monastic Studies* 4, 1966, 81-8을 근거로 하였다.

봉쇄구역에 대한 Dom Columban Byrne의 설명은 "The Values of the Rule Most Important in My Life", *Hallel*, Winter 1979, 187-91을 참조했다.

Thomas Merton의 *Monastic Journey*는 Patrick Hart가 편집하고, Sheed Andrews and McMeel이 1977년에 출판했다. 73쪽의 인용구는 "Monastic Peace"장 68쪽에서 따왔다(이 자리를 빌려 Br. Patrick Hart OCSO께 감사드린다. 이분의 안내로 나는 Gethsemani 수도원에 잠시 머물면서 Thomas Merton의 은수처를 방문할 수 있었다. 나는 Merton에게 많은 빚을 지고 있다).

77쪽의 인용구는 Harry Williams, *Tension*, Mitchell Beazley 1979, 105에서 따왔다.

Henri Nouwen, *The Genesee Diary: Report from a Trappist Monastery*, Image Books, Doubleday, New York 1981에는 좋은 이야기들이 많다. 본장에서는 77-8을 주로 참조했다.

수도원 양성formation에 관한 Anthony Bloom의 설명은 *Cistercian Studies* VIII, 1973, 87-97을 참조했다.

*poustinia*의 개념은 Catherine de Hueck Doherty의 책(Fount Paperbacks 1975, 89와 93)에 따랐다. 80-1쪽은 *Cistercian Studies*

XV, 1980, 70-1에서 John Eudes Bamberger가 중심centre의 정의에 대해 한 말을 근거로 하였다.

본장을 쓰는 데 도움이 된 다른 두 논문은 Augustine Roberts, "The Meaning of the Vow of Stability", *Cistercian Studies* VII, 1972, 256-69와 Clare Morley, "A Vision for Today in the Life of the Spirit", *Cistercian Studies* XV, 1980, 172-80이다.

마지막 기도는 부활절 IV(Easter IV)를 위한 것이다.

· 5 ·

변 화

"주님은 사랑으로 우리에게 생명의 길을 보여주신다."

흔히 여행, 등산, 나그네, 길 등으로 비유되는 인생은 인간의 역사만큼 오래된 개념이다. 사도행전 시대에 그리스도 신자들을 부르는 명칭 중의 하나는 "여정의 백성"이었다. 그리스도 신자는 지상에 머무를 도시가 없어 언제나 나그네로 살고 있다. 특히 제2차 바티칸 공의회 이후 교회를 "순례하는 교회"라고 부르는 이유도 여기에 있다. 인생을 여행에 비유할 때 거기에는 필연적으로 변화와 성숙을 수용한다는 의미가 들어 있다. 이런 사실들이 규칙서에 잘 반영되어 있다. 수도생활의 중심에 "**정주**"가 있다면, "**정진**"서원은 끊임없는 변화에 대한 개방을 필요로 한다. 움직이지 않고 가만히 있다는 것은 기본적으로는 계속 움직이고 있는 것과 균형을 이루고 있다는 뜻이다.

"정진"의 뜻으로 현재 쓰이고 있는 라틴어 conversatio morum이라는 말에는 고어적古語的 느낌이 있다. 이것을 현대 영어(또는 한국어)로 해석하기란 쉽지 않다. "정진"이란 수련자가 규칙서에 따라 수도자다운 생활을 충실히 하는 것이다. 즉, 그리스도를 따르는 사람이 순명하고 인내하며 일생 동안 변화의 전 과정에서 악행을 버리고 덕행을 닦는 것이다. 이 말이 의도하는 실제 내용은 복음서만큼 오래된 것이지만 또한 복음서처럼 새로운 것이다. 이것이 요구하는 내용은 궁극적으로 수도승들에게만 적용되는 것이 아니다. 거듭 말하거니와 conversatio는 우리 모두에게 오시어 "나를 따르라!"라고 하신 그리스도의 말씀에 전적으로 그리고 완전하게 응답하는 것을 뜻한다.

우리의 전 생애를 변화의 가능성에 개방하기 위해서는 베네딕도 규칙을 정태적靜態的으로 지키는 것이 중요한 것이 아니라, 우리를 만나시려는 하느님의 부르심에 대해 개방적이며 자유로운 응답이 중요한 것이다. 만일 "정주"서원이 하느님에 대한 완전한 신뢰이며 의탁이라면, "정진"서원은 하느님의 예측 불가능성을 인정하는 것이다. 하느님의 예측 불가능성은 우리 자신의 안락함과 안전을 추구하는 태도를 허락하지 않는다. 이 말은 우리가 언제 어떤 모양으로 나타날지도 모를 새로운 것에 대비하여 잠정적으로 살아야 한다는 뜻이다. 여기에 안전이란 없으며, 확실한 과거 일에 매여 있을 여유도 없다. 오히려 우리가 택한 우상들이 계속해서 부서질 것을 예상해야 한다. 이것은 손에 쥐었던 것을 끊임없이 내려놓는 것이다. 이것은 규칙서에서 여러 번 언급되는 바이지만, 일상생활을 성서의 가르침에 따라 실제로 살아가는 것이다. 이에 대한 바울로 사도의 말씀을 들어보자: "나는 뒤에 있는 것을 잊어버리고 앞에 있는 것을 향해 몸을 내뻗치고 있습니다. 목표를 바라보며 하느님이 그리스도 예수를 통해 위에서 부르며 주실 상을 얻고자 달리고 있습니다"(필립 3,13-14).

"'정진' 서원에 대한 성 베네딕도의 개념을 잠시 생각해 보자. 이 서원은 수도서원들 중에서 가장 신비로운 부분이면서도 실제로는 가장 기본적인 것이다. 이것은 어떤 완전한 내적 변화에 전념하는 것, 즉 완전히 새로운 사람이 되기 위한 투신으로 해석될 수 있다. 바로 이것이 수도생활의 목적이며, 또한 이 서원의 삶은 사는 곳에 관계없이 수도생활의 필수적인 요소이다." 이 말은 토마스 머튼이 아시아 여행길에 방콕에서 불의의 사고로 숨진 바로 그날 한 말이다. 외적 여행, 내적 변화, 죽음 그 자체, 게다가 전혀 예측하지 못한 죽음 — 이 모든 것이 한순간에 실타래처럼 이 한 사람에게 닥쳐왔다는 사실은 그가 3대 서원 중 가장 신비로운 것이라고 말하던 바로 그 정진의 삶을 생생하게 상징적으로 보여준다. 이 서원은 궁극적으로 당신을 따르라는 그리스도의 초대 — 그것이 무엇을 의미하든지 — 그분의 초대에 투신하는 것 그 이상도 그 이하도 아니다. 확실한 것은 그 초대에는 죽음이 포함된다는 것이다. 여기에는 삶의 여정 끝에 오는 죽음뿐 아니라 생활중에 겪어야 할 더 작은 죽음들, 즉 살기 위한 죽음, 새로운 성장을 위한 죽음도 포함된다.

규칙서 머리말에는 하느님의 부르심, 인생 여정, 종착지에 대한 이야기가 나온다. "생명을 원하고 좋은 날들을 보고자 하는 사람이 누구냐"고 주님은 외치시고 또 소리를 높이신다. 만일 우리가 그 음성을 듣고 "저로소이다" 하고 대답하면 하느님은 사랑으로 생명의 길을 보여주실 것이다. 그러면 우리는 그 길을 따라 여행을 하고 (그 길은 쉬운 길이 아니므로 그리스도의 수난에 동참하고 난 다음에) 마침내 주님 왕국에 들어가게 될 것이다.

성 베네딕도는 머리말 말미에서 "다소 어려운 점이 있더라도 즉시 놀래어 구원의 길에서 도피하지 말아라" 하고 말씀하셨다. "그 길은 처음에는 좁게 시작하지만, 수도생활과 신앙에 나아감에 따라 마음이 넓어지고 말할 수 없는 사랑의 감미甘味로써 하느님의 계명들의 길을 달리게 될 것이니, 주님의 가르침에서 결코 떠나지 말고, 죽을 때까지 수도원에서 그분의 교훈을 항구하게 지킴으로써 그리스도의 수난에 인내로써 한몫 끼여 그분 나라에 들어갈 수 있는 자격을 얻게 될 것이다"(머리말 48-50). 규칙서 전체에서 마지막 승리의 말씀은 이렇게 끝난다: "너희는 절정에 도달하게 될 것이다. 아멘." 이 말에는 어떤 역동성이 들어 있다. 성 베네딕도가 여행의 출발점에 선 우리를 격려하기 위하여 요한 복음서를 인용할 때 "걸어간다"라는 낱말을 "달려간다"로 바꾸어 "너희는 생명의 빛이 있는 동안에 달려라"(머리말 13; 요한 12,35)로 표현하는 것을 보면 그의 절박한 심정이 실제로 어느 정도인지 짐작할 수 있다. 그리고 규칙서 끝에서 그는 이렇게 묻고 있다: "너희는 하늘의 고향을 향해 달려가고 있는가?"(규칙서 73,8). 베네딕도가 찾고 있는 답은 단순히 믿음의 답이 아니라 행동의 답이다. 그 행동은 현재의 행동이다. "선행으로 달리지 않고는 그곳에 결코 이르지 못할 것이다"(머리말 22). 제5장에서 그는 제자들에게 자신들을 위한 일을 즉시 그만두고, 사사로운 뜻을 버리며, 자기가 하던 일에서 즉시 손을 떼고, 생명의 길로 나아가는 좁은 길을 택하라고 강력히 요구하고 있다(규칙서 5,7-8,11). 그는 수련자에게 하느님께 나아가는 길에서 당하게 될 모든 어려움과 시련들을 미리 알려준다(규칙서 58,8). 하지만 이 시련들이 "하느님께로 더욱 나아가는 길"(규칙서 62,4)임을 또한 약속한다.

그런데 여행은 교묘한 형태의 도피가 될 수도 있다. 성 베네딕도는 바보가 아니다. 그는 떠돌이 수도승(gyrovague)들을 혹평한다. 왜냐하면 이들은 여러 지방을 돌아다니며 한 암자에 사나흘씩 나그네로 묵으며 한번도 정주하지 않는 사람들이기 때문이다(규칙서 1,10-11). 성 베네딕도는 제자들이 방랑승처럼 목적 없이 배회하는 것을 원하지 않는다. 그가 맨 먼저 요구하는 것은 회심回心(metanoia), 즉 실제로 악습에서 돌아섬이다. 회심을 통해서 우리 삶이 목표를 향해 고정된다. 회심은 결코 쉬운 일이 아니다. 어떤 때는 오르막길처럼 보이기도 하고, 어떤 때는 전투나 전쟁처럼 보일 것이다. 고난이 가까이 있을 것이며, 무엇보다도 죽음에 대한 생각이 항상 함께할 것이다. "날마다 죽음을 눈앞에 환히 두라"(규칙서 4,47)에는 깊은 의미가 들어 있다.

파스카의 신비는 십자가다. 이 십자가 나무에 수도원의 모든 시간 구분이라는 열매가 단계별로 매달려 있다. 가장 뚜렷한 단계에 있는 부활절은 수도원의 실제 시간표를 결정하는 열쇠, 즉 연중의 기준점이며, 성무일도를 위해 정해진 시간의 기도문〔시과경(時課經, horarium)이라 함〕들을 규정하는 날이다. 따라서 부활절은 전례생활을 지배하고 있다. 부활절을 기준으로 그해의 전례시기가 나뉘어지고, 다른 시기들이 부활절을 향해 집중되어 있다. 규칙서 제15장은 짧지만 "알렐루야를 바치는 시기"에 관한 규정인데, 부활절이 수도원 생활에서 얼마나 중요한 위치를 차지하는지를 보여준다. 사순시기에는 "알렐루야"가 금지된다. 이 시기는 참회와 준비를 위한 때이기 때문이다. 그러나 부활절 축제 기간에는 "알렐루야"를 마음껏 부를 수 있다. 각 주일은 주님의 부활을 기념하는 날이다. 그날 부르는 알렐루야는 부활하신 그리스도를 상기시킨다. 부활절은 식사시간을 정하는 데도 영향을 미친다. "부활절부터 성령강림절(Pentecost)까지 형제들은 제6시(정오)에 식사하고, 저녁에도 저녁식사를 할 것이다"(규칙서 41,1). 모든 것이 그리스도의 부활과 관련하여 이루어지며, 점심식사까지도 부활절을 경축한다.

그러나 이러한 규정들은 부활절이 모든 그리스도인의 생활의 중심이듯이 수도원 생활의 중심을 이루고 있음을 보여주는 외적 표현에 지나지 않는다. 그리스도의 죽음과 부활의 신비는 공동체나 개인에게 있어서 모든 일의 중심을 이루는 것이다. 우리는 매일 이 위대한 신비에 사로잡혀서 살아가야 한다. 수도승의 삶은 죄로 인한 상처가 서서히 치유되어 가는 사순시기의 성격을 지니고 있다. 수도승은 "기쁨과 영적 갈망으로 거룩한 부활절을 기다릴 것이다"(규칙서 49,7). 그러나 부활이 있기까지 아무도 고난과 수난과 죽음을 피할 수 없다. 이 수난의 어려움이 순명서원의 핵심이다. 완전한 순명을 통해서만 우리는 십자가 위에서 보여주신 그리스도의 완전한 자기희생에 동참하게 된다. 그러나 수도자다운 생활, 즉 정진을 위해서는 죽음까지도 각오하지 않으면 안된다. 더 정확히 말하면 최후의 궁극적 죽음을 통해서 마지막 완성에 이르기까지 삶의 여정에서 작은 죽음들을 반복해서 경험하지 않으면 안될 것이다.

성 베네딕도는 규칙서 전체를 통해서 시간과 질병과 나이에 대해서도 무리없이 세심하게 배려하고 있다. 그리고 계절들의 형태와 낮과 밤에 대해서도 깊이 유의하여 수도원 시간표에 반영하고 있다. 예를 들면, 낮 시간의 길이에 따라 기도시간을 정하는 경우이다. 공동체의 모든 구성원들은 나이에 따라 알맞은 존경과 예우를 받아야 한다. 그는 "어떤 경우에도 절대로 나이로써 서열을 자동적으로 결정짓는 일은 없어야 한다"(규칙서 63,5)고 단호히 말하면서도 젊은이들은 노인들을 존경하고 노인들은 젊은이들을 사랑할 것을 요구한다. 젊은 수도승을 "형제"라 부르고, 노인들을 위해서는 특별히 부드럽고 듣기 좋은 "논누스"nonnus라고 부른다. "논누스"는 온정과 존경이 담긴 애정의 표현이다.

매일 성무일도를 바치거나 개인 독서를 할 때, 각 수도승은 인간을 대하시는 하느님의 방법에 관한 성서 말씀을 듣게 된다. 성서 말씀이라는 드라마에는 우리 개인들의 삶의 요소들, 예를 들면 부르심과 응답, 광야와 환상, 약속과 성취, 삶과 죽음, 거듭남과 구원 등이 모두 들어 있다. 성 베네딕도에게는 이러한 요소들이 멀리 있는 것이 아니며 과거의 일도 아니다. 우리 또한 우리 자신의 역사를 읽을 줄 알아야 하며, 생의 전환점들과 변화의 순간들과 한 걸음씩 새 걸음을 디딜 때마다 우리를 위해 펼치시는 하느님의 계획을 볼 줄 알아야 한다. 복음서에는 죽음과 새 생명이라는 주제가 반복해서 나온다. 밀알이 죽어서 새롭게 자라나는 현상은 필연적으로 우리 모두에게서 일어나지만 그것이 어떤 방법으로 일어나는지는 아무도 모른다. 확실히 비밀이며, 우리 각자에 따라 전혀 다를 것이다. 이 깨달음은 어떤 어머니에게는 아이가 젖을 완전히 떼는 순간이나 또는 아이를 처음으로 학교 교문에 남겨두고 돌아서는 순간에 일어날 수도 있다. 어머니에게는 이러한 순간적 헤어짐도 하나의 작은 죽음이 되겠지만, 이러한 죽음이 없이 어머니의 새 생활이란 있을 수 없다. 우리가 격심한 좌절에 빠져 있을 때 우리의 느낌은 어떠한가. 그 칠흑 같은 고통은 전혀 무의미하고 쓸모없으며, 최악의 경우, 파괴적이고 파멸적인 것이라고 느낄 것이다. 그러나 시간이 지난 다음, 혹시 한 달쯤 지나서 그 내적 암흑 상태에 빛이 들기 시작하면, 내 안에서도 죽음과 삶의 모습이 이루어지고 있음을 깨닫게 된다. 졸업을 하고 직장을 구하지 못한 사람들, 대학을 졸업하고 학위가 쓸모없는 사람들, 이들은 고통스러운 생의 전환점에 직면해 있다. 이런 고통은 그들이 일찍이 경험하지 못한 것이다. 중년의 사람들도 역시 실직의 충격에 직면하게 된다. 또는 남편이 직장을 옮김으로써 아내는 낯설고 새로운 곳에서 의지할 만한 데가 없어, 삶이 몹시 무미건조해지거나, 또는 자신의 기술과 재능을 더이상 발휘할 수 없는 처지에 놓일 수도 있다. 이때 그 아내는 과거를 뒤돌아보는 구약성서의 롯의 아내처럼 되기 쉽다. 그렇지만 변화를 받아들이고 꿈에 그리던 일은 아니더라도 주어진 일의 가능성을 인식하면, 새로운 형태의 삶과 일이 형성된다는 것을 알게 될 것이다. 성숙의 표시는 현재 가지고 있는 것에 얼마나 만족하느냐에 있는 것이지, 잃어버린 것이나 가지지 못했던 것을 슬퍼하는 데 있는 것이 아니다.

삶의 과정들은 피할 수 없는 것이다. 신체의 변화도 진지하게 받아들여야 한다. 사춘기와 청년기를 거치지 않는 사람이 어디 있는가. 여성은 임신의 마감을 알리는 폐경기를 부끄럽게 여겨서도 안된다. 이 시기는 창조의 임무를 마감하고 그것에 못지않게 성취적이고 보람된 삶의 단계로 나아가는 문을 여는 때이므로 오히려 기뻐해야 할 것이다. 노화의 전 과정에는 선택의 여지가 없다. 상실한다는 것은 무서운 것이다. 그 상실이 특히 가장 아끼고 소중하게 여기던 것들, 예컨대 기억력이나 시력 또는 청력 등의 감퇴를 의미할 때 더욱 그러하다. 변화는 오래 끌고 고통스러운 과정일 수도 있다. 예를 들면 파경에 이른 결혼생활에서는 인간의 존엄성이 위협을 받는다. 사별은 때로는 거의 견딜 수 없을 것 같은 상실감을 불러온다. 그렇지만 일을 당할 때는 거의 상상할 수 없으나 여기에도 새로운 삶이 다시 찾아올 수 있는 것이다.

나 자신에게도 문제가 있다. 나는 대체로 변화에 익숙하지 못하여 안전하고 익숙한 것에 매달리는 경향이 있다. 무엇을 잃어버리고 있다는 생각에서 오는 슬픔과 혼란에 사로잡혀 나는 나도 모르는 사이에 새로운 생활이 결코 먼 약속이 아니라는 사실과, 부활이 미래에 있는 것이 아니라 오히려 현재 일어나고 있으며, 그것이 지금 여기서 사건의 열쇠가 된다는 사실을 믿으려고 하지 않는다. 자식들이 집을 떠나 집이 텅 비었을 때, 식탁에 많은 식구들이 둘러앉았을 때의 즐거웠던 추억에 매달리는 것은 아이들과 나 자신에게 아무런 도움이 되지 않는다. 나는 그들을 자유롭게 놓아주어야 한다. 그것이 자식들과 나 자신을 위하는 일이다. 나는 내 삶에 새로 생긴 공간을 유익하게 사용하도록 노력해야 할 것이며, 그 공백을 메우려고 쓸데없이 분주하게 설치지 말아야 한다. 나는 앞뒤좌우를 곁눈질하지 말고 지금 이 순간을 살아야 한다. 내가 현재의 처지를 깨닫지 못한다면, 나의 성숙이란 불가능한 것이다. 만일 내가 나 자신에게 "장차 나의 삶은 개선될 것이다, 나는 좀더 상냥한 사람이 되겠다, 다음 단계에는 하느님께 더 가까이 가 있을 것이다" 이렇게 약속한다면 나는 소명에 따라 잘 살지 못하고 있는 것이다. 왜냐하면 존재하지도 않는 이상을 계속 꿈꾸고 있기 때문이다. 나는 과거 덕분에 이 순간에 와 있다. 오늘 내가 새롭게 시작하면 내일도 그 다음날도 새롭게 시작할 수 있다. 이렇게 하면 나는 참으로 변화에 개방적이 될 것이다.

성 베네딕도는 변화를 회피하는 것을 용납하지 않는다. 그는 성숙의 길에서 만나게 될 어떤 일에 대해서도 환상을 가지지 않는다. 수도생활의 충실이란 단순하게 성숙과 변화의 요구조건들에 투신하는 삶이다. 이 점에 대해서 규칙서 제4장 "착한 일의 도구들"은 특별한 방법을 제시하고 있다. 영적 도구(즉, 수도규칙)들은 모두 73개인데, 대부분은 짧고 예리한 명령형으로서 아무런 예비 조항도 없이 우리 한 사람 한 사람을 겨냥하고 있다. 예를 들면, 22번째 도구는 이러하다: "화내지 말라. 원한을 오래 품어두지 말라. 간사스런 계교를 마음속에 품지 말라. 거짓 평화를 주지 말라. 사랑을 버리지 말라"(규칙서 4,22-26). 이런 경구들은 대부분 우리의 내적 분별력, 즉 우리의 내적 성숙을 지배하는 생각들과 관계가 있다. 그는 제4장 끝에서 다음과 같은 약속을 한다: "이런 것들이 영적 기술靈的技術의 도구들이다. 우리가 이것들을 밤낮으로 끊임없이 사용하고 심판의 날에 돌려드리면, 주께서 친히 약속하신 그 상급을 받게 될 것이니, '눈이 본 적도 없고 귀로 들은 적도 없으며 사람의 마음속에 떠오른 적도 없는 것들을 하느님은 당신을 사랑하는 이들에게 마련해 두셨도다'(1고린 2,9)라고 약속하셨기 때문이다"(규칙서 4,75-77).

조앤 치티스터 수녀Sister Joan Chittister는 규칙서 제4장을 "긴 쇼핑 목록"이라고 부르는데, 성 베네딕도는 34절부터 42절까지에서 심리적 성숙에 대해서 관찰하고 있다. 먼저 "교만하지 말라"로 시작한다. 교만에 대한 진정한 정의는 남을 지배하려는 욕망이다. 세상일들을 내가 원하는 방향으로 되도록 하기 위하여 나의 하루, 나의 미래, 그리고 생활중에 만난 사람들을 통제하려는 욕망이다. 이것은 하느님의 통제권을 부정하고, 그것을 하느님으로부터 빼앗기까지 하려는 태도이다. 여기서부터 성 베네딕도는 중독中毒 증세에 대한 공박으로 이어간다. 물론 중독은 내가 사물을 지배하는 것이 아니라 사물이 나를 지배하도록 내맡기는 것이다. 내가 이 책을 저술할 수 있는 유일한 방법으로 시간마다 커피 한 잔을 마신다면, 그것은 알코올이나 마약에 탐닉하는 것처럼 사회적으로 수용할 수 없는 것은 아니지만, 그럼에도 불구하고 그와 같은 탐닉에 의존하는 것은 나의 자유의지를 제한하는 것이다.

그 다음 성 베네딕도가 생각하는 항목은 무기력이다. 무기력은 대부분의 일을 다른 사람에게 시키고 자기는 도움을 받는다는 점에서 기본적으로 투신의 결핍이다. 그 다음 그는 생활의 부정적 태도에서 나오는 불평과 잡담에 대해서 언급하고 있다. 불평은 습관이 되기 쉬우며, 그것은 근본적으로 파괴적이며 우리 주위의 모든 사람과 사물의 가치를 차단하는 것이다. 그 다음 "자신의 희망을 하느님께만 두라"고 하는 41절에서, 성 베네딕도는 영적 성장에 눈을 돌리기 시작한다. 이것은 34절 — "교만하지 말라" — 과 대조를 이룬다. 영적으로 성숙한 사람은 자기가 세상일들을 완전히 통제할 수 없으며, 그것은 하느님의 손에 달려 있다는 사실을 안다. 그 다음, "자신 안에 좋은 점은 하느님께 돌리고 나쁜 점은 자기 탓으로 돌리라"(42절)는 말에서 성 베네딕도는 우리가 성장하고 변화함에 따라 우리 자신이 피조물이고 하느님은 창조주라는 사실과, 나쁜 것이 좋은 것으로 바뀌는 것도 오직 하느님을 통해서만 이루어진다는 것을 결코 잊어서는 안된다고 말하는 것 같다. 그 다음 이어지는 네 개의 도구에서 첫째 것은 "심판의 날을 두려워하라"이며, 여기에 이어 "지옥을 무서워하라. 모든 영적 갈망으로 영원한 생명을 갈망하여라. 죽음을 날마다 눈앞에 환히 두라"(규칙서 4,44-47)는 세 가지 말씀이 나온다. 그런데 곧 이어서 하느님의 현존이 지금 여기 우리와 다른 사람들 안에, 그리고 일상생활 안에 계심을 강조하는 경구들로 전체의 균형을 이룬다: "자신의 일상 행위를 매순간 조심하라. 어디에서나 하느님께서 너를 지켜보고 계심을 확실히 알고 있어라"(규칙서 4,48-49).

이어서 성 베네딕도는 하느님의 현존을 끊임없이 의식하는 것이 삶에 얼마나 큰 영향을 미치는지를 알고 이 주제의 목적을 달성하기 위해 열 가지 도구를 제시하는데, 이렇게 시작된다: "자신의 마음속에 떠오르는 나쁜 생각을 즉시 그리스도께 쳐바수어라." 그리고 끝으로 사회적 · 정서적 성숙을 돕는 도구들의 목록을 제시하고 우리들에게 이렇게 요구한다: "연로한 이들을 공경하라, 연소한 이들을 사랑하라, 그리스도에 대한 사랑 안에서 원수를 위해 기도하라, 불목한 자와는 해가 지기 전에 화해하라"(규칙서 4,70-73).

성 베네딕도는 인간의 나약함에 대해서 지극한 동정심을 가진 현실주의자다. 제4장의 마지막 권고는 이러하다: "하느님의 자비에 대해 절대로 실망하지 말라"(규칙서 4,74). 이 말은 마치 우리는 그리스도 안에서 변모되는 평생의 과정을 통해서 영적 · 심리적 · 정서적 성숙으로 나아가지만, 삶에는 실패와 퇴보의 시간들이 분명히 있다는 사실을 말해주고 있는 것 같다. 만일 내가 "주님, 저를 받아주소서"(suscipe me Domine) 하고 말할 수 있다면, 그리고 하느님의 자비는 완전히 신실하므로 나는 언제든지 일어나 처음부터 다시 시작할 준비가 되어 있다면, 이 4장의 말씀을 따라 올바른 방향으로 가고 있다고 믿을 수 있다. 이것이 궁극적으로 나 자신의 성숙을 위해 내가 투신해야 하는 부분이다. 조앤 치티스터 수녀가 자신의 공동체에게 던진 질문은 나 자신과 나의 처지에도 적용되는 질문이다. "당신 자신의 성숙에 전념하지 않고, 단지 다른 사람들에게 삶의 모든 험한 일들을 돌보게 내맡기고 그저 들락날락하고만 있다면, 당신의 눈에는 영원히 다른 사람의 문제만 보이게 될 것입니다. 그러나 만일 당신 자신의 성숙에 전념하고 있다면 이렇게 자문해 보십시오: '이 공동체 안에서 나를 괴롭힌 최근의 세 가지 일에서 나는 누구를 비난하였나?' 하고 말입니다." 이것은 바로 나 자신에게 책임을 묻는 질문이다. 그 이상도 이하도 아니다.

인격의 성숙은 우리 자신 안에서 대면하지 않으면 안되는 일을 대면함으로써만 가능한 것이다. 이것은 수도서원들과 서로 관련을 맺고 있으며, 서로의 길을 비추어 준다. 정주생활이란 전투가 진행되는 곳에서 도망치지 않으며 실제로 피할 수 없는 문제에 부딪칠 때에는 조용히 대처하는 삶이다. 순명은 나 자신의 생활 속에서 그리스도의 순종을 재현하는 삶이다. 개방적 수도자다운 생활은 나 자신을 추스르고 죽을 때까지 영적 성장을 위해 처음부터 다시 시작하는 의지를 가지는 것을 의미한다. 삶의 여정은 죽어야 산다는 복음적 역설에 기초하고 있다. 나의 개인적·영적 성장에 사로잡혀 근심하고 있는 것은 불행한 일이다. 생활은 변하므로 자아실현을 삶의 목표로 삼을 수 없음에도 불구하고 오늘날 유행하는 개인의 성숙운동을 보면 그것이 목적인 것처럼 보인다. 성 베네딕도는 자아추구 방식의 자기실현 따위에 대해서는 아주 가차없이 비판적이다. 나의 목표는 그리스도다. 그러므로 나는 끊임없이 분투 노력하여 그 목표에 도달하려고 한다. 성 베네딕도는 무사안일을 추구하는 분이 아니다. 그 목표에 도달하기 위해서는 말이 아니라 행동이 필요하다. 그러나 주관하시는 분은 하느님이시다. 우리는 응답하고 그분의 협력자가 되는 것이다. 그러므로 하느님을 찾는 일은 그분께서 우리에게 오실 수 있도록 문을 열어드리는 것이다. 하느님을 찾는 것은 무엇을 획득하거나 어떤 일에서 우수하게 되는 것이 아니라 그분의 은총에 전적으로 의탁함으로써 하느님을 향해 앞으로 나아가는 것이다. 규칙서 전체를 통해 성 베네딕도는 우리에게 은총의 역할을 상기시켜 준다. 그의 표현은 "하느님의 도우심에 힘입어", "하느님의 도우심으로" 등과 같이 늘 간결하다. 이 도우심으로 우리는 모든 일에 정면으로 대응할 수가 있다. "우리의 본성은 이 일을 하기에 너무도 부족하니 하느님께서 당신 은총으로 우리를 도와 주시도록 간구하자"(머리말 41). 그렇다고 해서 하느님의 은총이 우리의 행위를 대신하는 것은 아니다. 은총은 우리의 행동을 불러일으키고 도와 주시며 완성시키신다. "오푸스 데이"opus Dei라는 표현은 오늘날 성무일도를 지칭하기 위해 사용되는데, 본래는 제자들의 삶 전체가 "하느님의 일"이란 뜻이다. 즉, 우리 힘으로는 다룰 수 없으나 오직 하느님의 도우심과 성원이 있어야만 가능한 일을 의미한다.

성 베네딕도만큼 인간의 나약함과 한계를 의식하고 있는 사람도 없을 것이다. 이 나약함과 한계는 전능하신 분의 은총의 힘으로만 극복될 수 있다고 그는 역설한다. 그래서 그는 보이지 않아 자주 무시되곤 하는 이 영적 에너지의 원천에 늘 의지한다. 출발점에서 우리를 찾아오신 하느님은 날마다 우리를 도와 목적지까지 안내하신다. "그들은 하느님의 보답에 확실한 희망을 걸고 기뻐하며, '이 모든 일에서 우리는 우리를 사랑하시는 분에 힘입어 이기고도 남습니다'(로마 8,37)라고 말한다"(규칙서 7,39).

그리스도인이 이해해야 할 가장 중요한 사항은 파스카 신비, 즉 죽음을 통해 얻는 생명의 신비이다. 수도서원은 수도승을 거듭 십자가의 발치에 세운다. 성 베네딕도는 규칙서 머리말에서 그리스도의 수난을 제자들이 살아야 할 표본으로 제시했다. '구원의 창문'이라 불리는 캔터베리 대성당 중앙의 거대한 동쪽 창문은, 중세기 내내 베네딕도 공동체 구성원들에게 그리스도의 수난을 실제로 알리는 표본이 되었을 것이다. 거기서 미사를 봉헌하고 코루스(가대)에서 성무일도를 노래할 때, 그 창문은 늘 그들 눈앞에 있었을 것이다. 그 창문은 단지 가난하고 글 모르는 이들을 위한 성서가 아니라, 그림과 거기에 씌어진 성서 말씀들을 함께 감상할 수도공동체를 염두에 두고 정교하게 고안된 일종의 신학적 선언이다. 중앙의 세 개의 창틀은 십자가 수난, 부활, 성령강림으로 이어진다. 바로 아래의 그림에는 먼저 성체성사의 상징인 에스콜Eschol 포도나무를 배경으로 두 사람이 있는데, 등을 돌리고 있는 한 사람은 예수를 알아보지 못하는 사람을 뜻하고, 다른 한 사람은 예수를 따르는 사람을 뜻한다. 그 다음에 올 일들이 어떤 것인지는 그리스도 생애의 주요 사건들뿐 아니라, 중심 창틀 주위에 배치된 구약의 장면들에서 추적이 가능하다. 그리스도는 대리석 무덤 위에 안치되어 있다. 그 둘레에 배치되어 있는 그림들은 거기에 씌어진 글귀들과 함께 수난과 암흑과 지옥의 의미를 심도있게 엿볼 수 있도록 해준다. 어느 그림에는 허리까지 파묻힌 구약의 요셉 소년 주위를 삽을 든 다섯 인물이 에워싸고 있다. 거기에 씌어 있기를: "이 무덤은 그리스도 당신 것이며, 이 웅덩이는 소년의 것이로다. 소년은 예수님을, 웅덩이는 무덤을 상징하도다." 다음 그림에는 둥글게 둘러싼 울타리 안에 다니엘 예언자가 서 있는데, 그 뒤로는 도시의 성벽과 작은 탑들이 보인다. 그리고 "다니엘은 사자우리에서 수난당했고, 예수님은 묻히셨다. 한 분은 사자가 근접조차 않았고, 다른 한 분은 죽음의 빗장들을 부수어 여시었다"라는 말씀이 적혀 있다. 그 다음 그림에는 요나가 고래의 뱃속에 있다: "그는 들어 내던져지고 삼켜져 고기 뱃속에 있다. 같은 모양으로 예수님은 잡히시고 죽으시고 묻히셨다." 그런데 죽음에서 새 생명이 나온다. 요나는 정장을 하고 걸어서 마른땅으로 나온다. 구약성서의 다른 대형對型(anti-types)들도 같은 이야기를 전한다. 이것들은 전체 창에서 중앙 창틀 주위에 모여 있으며, 중앙 창틀에는 모든 것의 중심인 주님 부활 장면이 그려져 있다. 이 부활 장면은 중심부에 있고, 거기서부터 창문은 계속 위쪽으로 나 있다. 첫째 창틀은 승천 그림, 그 다음은 성령강림 그림, 마지막 창틀에는 전능자(Pantocrator)이신 그리스도께서 지구의地球儀 위에 위풍당당하게 앉아 오른손을 들고 축복하신다. "나 홀로 영원으로부터 만물을 창조하고 다스린다"(solus ab eterno creo cuncta creata guberno). 그리스도께서는 규칙서의 주인이자 이 창문의 주인이시다.

낮 시간의 첫 성무일도인 "아침기도"를 바칠 때, 떠오르는 태양 광선이 이 창을 통해 흘러들어왔을 것이다. 이 모습은 오늘날 우리들에게는 심미적 경험에 지나지 않을지 모르지만, 중세기의 관람자들에게는 그 이상의 의미를 지니고 있었다. 그들은 모든 피조물을 창조주의 각기 다른 표상으로 여겼으며, 그중에서도 태양 빛을 하느님의 가장 직접적인 출현이라 생각했다. 그러므로 날마다 파스카 신비의 극적인 그림 앞에 섰을 뿐 아니라, 사물의 어둠을 변화시키는 하느님의 빛을 바라보며 살았다. 따라서 이 창문은 위대한 사실을 확인하는 창인 것이다. 이 창은 세 가지 서원의 핵심을 말과 그림과 상징으로 잘 나타내고 있다. 즉, 우리가 그리스도와 함께 죽고 그분과 함께 묻히는 파스카 신비에 동참한다는 것은 우리도 그분과 함께 부활할 것이며, 또한 이러한 삶을 매일, 매년 충실하게 살면 마침내 주님 왕국의 영광에 동참하게 될 것이라는 것을 의미한다.

야훼여, 모든 일 나를 위해 하심이오니,
이미 시작하신 일에서 손을 떼지 마소서.

(시편 138,8)

한 수도승이 질문을 받았다: "당신은 수도원에서 무엇을 하고 있소?" 그는 이렇게 대답하였다: "우리는 넘어지고 일어나고, 넘어지고 일어나고, 또 넘어지고 또 일어납니다."

주님,
불확실한 저의 삶을
친구처럼
더불어 살게 하소서.
확신하면 안심은 되지만
무사하기를 바랄 수는 없나이다.
그것은 저의 환상일 뿐
확실한 것은
제가 모른다는 사실을 안다는 것뿐이옵니다.
오직 저를 주님께 맡기오니
주님, 저를 다시 지어주소서.

(성 안셀모)

내게는 해야 할 역할,
가야 할 여정,
참아야 할 일들이 있습니다.
선과 악, 때와 장소 분별하는
모든 얘기 듣기 전에
세월의 짐 지고 나아가렵니다.
기뻐 울고 슬퍼 우는
이 땅의 큰 울음소리
협화음을 깨뜨리기 전에
할 수 있는 모든 일 마치려 합니다.

(캐슬린 라이네)

힘과 사랑의 원천이신 하느님, 어둠에서 빛을, 혼돈에서 질서를, 죽음에서 창조의 생명을 주소서. 저희의 눈을 여시어 보게 하시고, 마음을 열어 알게 하시고, 그리하여 부활하신 그리스도 안에서 변모되게 하소서.

오, 그리스도님, 당신을 뵙고자
배고파하고 목말라할 때,
저에게 내려오시어
저와 지상의 모든 잔치 위해
스스로 빵과 포도주 되시고

미지의 나그넷길 걸어가도록
유일한 양식이 되셨습니다.

(우트렉트의 래드보드)

모세 아빠스가 실바누스 아빠스에게 물었다: "사람이 날마다 선한 삶으로 시작할 수 있을까요?" 실바누스 아빠스가 대답했다: "사람이 근면하면 매일 매시간 선한 삶을 다시 시작할 수 있겠지요."

하느님,
당신은 믿는 이의 수호자이옵니다.
당신이 안 계시면 힘도 거룩함도 없나니
당신 자비 저희 위에 한없이 내리소서.
주님은 저희를 다스리시고 안내하시니
잠시 지나갈 일에 매이지 말게 하시고
영원한 당신 말씀 붙잡게 하소서.
하늘에 계신 아버지, 이 청원을 허락하소서.
우리 주 예수 그리스도의 이름으로 비나이다.

주

『스승의 규칙서』가 conversio morum을 사용하는 반면 성 베네딕도는 conversatio를 사용한다. 현대 학자들은 후자를 선호한다. 후자에는 정진과 인내의 뜻이 강하고, 전자는 과정보다는 시작과 회심을 강조한다.

91쪽 인용문의 출처는 *The Asian Journals of Thomas Merton*, Sheldon Press 1974, 337이다.

Sister Joan Chittister가 내게 얼마나 고무적이었는지는 앞서도 말한 바 있다. 4장에 대한 나의 해설도 그가 한 말에서 영감을 얻었고 4장 말미의 인용구도 그의 책 50쪽에서 따왔다. Oury의 책 7장에서도 많은 도움을 얻었다.

Daniel Rees, *Consider Your Call*, 144-53은 귀의歸依(conversion)와 수덕修德(asceticism)의 문제를 훨씬 더 깊이 다룬 귀중한 책이다.

묵상과 기도의 첫째 인용구는 Kallistos Ware, *The Orthodox Way*, London 1979, 173에서 따왔다.

Kathleen Raine의 시는 “In My Seventieth Year”, *The Oracle in the Heart*, Dolmen Press 1980에서 인용했다.

마지막 기도는 삼위일체 대축일 IV(Trinity IV)를 위한 것이다.

·6·

균 형

"너무 엄격하지 말며, 너무 짐이 되지 말라."

균형, 균제均齊, 조화는 규칙서의 중심 개념들로, 모든 다른 내용들을 뒷받침해 준다. 이러한 개념들이 없으면 개인과 공동체를 위한 베네딕도회의 모든 생활방식은 그 기조가 무너진다. 이 개념들은 오늘을 사는 우리에게도 직접 해당된다. 오늘날 우리 사회는 인격의 완성을 우상처럼 여기면서 동시에 전문기술, 전공, 전문화를 동경하고 있으니 우리의 노력이 복잡해질 수밖에 없다. 특정 분야에서의 성공이 큰 존경의 대상이 되고 있으므로 우리는 일찍부터 자녀들에게 전공하고 싶은 분야를 미리 정하라고 요구한다. 한 가지 심오한 연구에 평생을 바치는 것이 최고의 선택이라는 것을 우리는 부정하지 않는다. 이 시대에 레오나르도 다 빈치처럼, 르네상스 정신으로 예술과 기술에 대등한 관심을 기울이며 모든 분야에 숙련되기를 바라는 것은 비현실적인 생각일지도 모른다. 오늘날에는 알아야 하고 해야 할 일이 너무도 많다. 그렇지만 우리가 잃어버리고 있는 것은 없는지? 극단적으로 영웅이 되거나 현실 도피주의자가 되지 않고, 우리를 구성하는 모든 요소들은 모두 하느님으로부터 온 것이므로 똑같이 존중받을 가치가 있다는 사실을 인정함으로써 좀더 충만하고 완전한 인간이 되기를 바랄 수는 없는지? 이렇게 자문해 보는 것은 매우 가치있는 일이다. 물론 사회 구조 속에서 전문화된 요소들, 가령 축구 영웅, 마라톤 선수, 뛰어난 과학자, 거룩한 사람, 영적 지도자와 같은 각 분야의 전문인들은 존중받아 마땅하다.

오늘날 우리는 인간을 구성하는 세 요소, 즉 몸과 마음과 정신의 밀접한 관련성을 놓치고 있다. 하지만 성 베네딕도는 몸과 마음과 정신이 어우러져 완전한 사람이 되는 것을 고려하여 수도원 일상생활의 형태도 기도시간, 공부시간, 육체노동 시간으로 짜야 한다고 주장한다. 이 세 가지 요소는 똑같이 존중되어야 하고, 또한 하느님께 나아가는 대등한 길이 되어야 한다.

성 베네딕도 시대의 수도승들은 기도와 공부와 일이라는 세 가지 요소를 율동적으로 균형있게 이어갔다. 하루 중에서 네 시간을 전례기도에, 네 시간을 영적 독서에, 여섯 시간을 육체노동에 바쳤다. 일과의 틀은 "하느님의 일", 즉 하느님을 경배하는 성무일도를 바치는 것을 중심으로 짜여져 있었다. 지성은 학습과 공부를 통해서 충족되기 때문에 기도와 함께 성서나 교부문헌을 봉독하는 거룩한 독서 시간을 두었다. 또한 손으로 하는 노동도 중요하므로 수도원 안에서 하는 작업과 농경지를 경작하기 위해 육체노동 시간을 두었다. 수도원은 주님을 섬기는 학교였다. 주님을 섬기려면 삶이 균형을 이루어야 하며, 이를 위해서는 이 세 가지 요소를 고르게 돌보아야 한다. 이렇게 될 때 우리는 인간을 총체적으로 이해하게 되는 것이다. 수도원의 질서가 잘 잡혀야 각 요소가 합당한 자리를 얻고, 전 공동체가 더 잘 돌아갈 것이다. 일상생활에서도 각 지체의 관계가 올바르게 정립되어야 몸 전체의 건강이 보장되는 것이다.

그러므로 질서와 균형의 개념은 수도원 조직을 관류貫流하고 있다: "모든 것을 제시간에 완수하게 할 것이다"(규칙서 47,1), "각자의 위치를 본래의 위치에 그대로 둘 것이다"(규칙서 2,19). 거룩함을 구실삼아 일을 망치지 말 것이며, 신심행위를 일로부터의 도피수단으로 삼아서도 안된다. 수도원 내의 올바른 질서, 재물의 올바른 관리, 합당한 시간 활용, 구성원들에 대한 합당한 존경, 이런 항목들은 수도 공동체가 존립하는 확실한 기반이므로 아무리 강조해도 부족하다. 규칙서는 균형잡힌 생활이 꽃필 수 있는 환경을 만들어 준다.

정주는, 규칙서에 설명되어 있듯이, 수도생활의 기본이다. 정주는 우리가 현재 있는 곳에서부터 도망치지 않고 머문다는 정도가 아니라 훨씬 더 심오한 의미를 지닌다. 거기에는 자기 자신으로부터 도피하지 말라는 의미가 있다. 자기 방식의 양심성찰이나 제멋대로 하는 자기반성은 용납되지 않는다. 정주는 받아들임이다. 각 사람을 하나의 완전한 인격체로서 총체적으로 받아들이는 것이다. 왜냐하면 각 사람은 몸과 마음과 혼을 지니며 각 부분 어느 것도 존경과 정당한 배려에서 제외되어서는 안되기 때문이다. 베네딕도가 정주를 강조하는 것은 어떤 추상적인 이상理想이 아니라 전형적인 현실이다. 그는 사람의 내부와 외부의 결합관계를 중시한다. 우리를 에워싸고 있는 것들 — 공동체, 가족, 결혼, 사업 — 과의 관계에서 볼 때, 정주는 본질적으로 서로 다른 요소들이 우리 안에서 올바르게 정돈되며, 그것들을 배척하거나 부정하지 않고 수용할 때 이루어지는 것이다.

세속 사람들이 너무 쉽게 빠지는 습관이 있다. 그것은 삶을 종교적인 것과 세속적인 것으로, 영적인 것과 육체적인 것으로 나누고, 전자에는 적은 시간을 바치면서도 그 가치는 더 상위에 있는 것처럼 느끼고, 이를 후자와 분리시키는 태도이다. 하느님께 나아가는 방법을 설명할 때 영적 용어가 아니라 단순한 물질적 용어를 사용하는 사람 — 성 베네딕도 — 에게 이러한 태도는 어처구니없는 짓으로 보였을지도 모른다. 이런 사람들에게는 육체 없는 영혼이 가시적인 모습으로 승천한다는 것이 용납되지 않는다. 이런 모양의 승천은, 비록 저자들이 의도한 바는 전혀 아니지만, 특수 분야의 영성 서적을 읽는 독자들에게 많은 불편과 불안을 초래하는 경우가 흔히 있어 왔다.

성 베네딕도는 규칙서 머리말 첫머리에서 활력이 넘치는 초대를 한다. 여기서 그는 "달려가라", "몸과 마음을 준비하라"고 우리에게 명령한다. 이것은 마치 우리의 다리와 기분이 실제로 달릴 준비를 하고 있는 것처럼 들린다. 그는 육체에서 분리된 영혼에는 관심이 없다. 그런데 우리 서방교회에서는 그의 가르침을 잊고 지내지 않았나 싶다. 육신을 돌보지 않은 것은 서방교회의 종교생활에서 심각한 손실이었다. 육체는 하느님을 만날 수 있는 성소聖所이므로 육체도 존중되어야 하고 권위를 지녀야 한다. 이것을 부정하는 것은 하느님께로 나아가는 길에서 우리 자신을 가장 강력한 힘과 세력의 원천으로부터 단절하는 것이다. 오늘날에 와서야 우리는 이 사실을 다시 깨닫기 시작하였다.

규칙서 제7장에 사다리 비유가 나온다. 성 베네딕도는 사다리를 일치와 통합을 나타내는 고전적인 상징으로 쓰고 있다. 사다리는 하늘과 땅을 결합하고, 땅 — 수도 공동체 — 에 굳건히 발 딛고 서는 것과 하느님께로 나아가는 것을 결합하는 것이다. 사다리의 두 다리는 육신과 영혼의 대등한 가치를 인정하고 결합하여 이것을 딛고 하느님께로 올라갈 수 있음을 상징한다. 만일 두 다리가 조화를 이루지 못하고 평행하지 못할 때, 그 사다리의 찌그러진 모습은 얼마나 꼴불견이겠는가!

이 통합의 중요성은 고대사회에서도 인정되었으며 많은 시와 기도에서 생생하고 자연스럽게 표현되었다. 외 헤브리디즈 The Outer Hebrides(스코틀랜드 서쪽 열도)의 농어촌 마을에 사는 켈트족 중에는 "나를 온전히 축복하소서"라고 기도하는 사람들이 있다. 그들은 육신과 영혼 어느 한쪽만을 위한 기도는 상상할 수 없다. 그 둘은 분리할 수 없게 결합되어 있기 때문이다.

오 하느님, 육신의 양식을 주소서
오 하느님, 영혼의 양식을 주소서.

그들이 아침기도에서 이와같이 육신과 영혼을 함께 받아들이는 것은, 그 기도가 손으로 하는 모든 일을 포함해서 온전한 인격을 위한 기도가 되도록 하려는 뜻이다. 다음의 기도는 베네딕도의 지혜와 매우 흡사하다:

오 하느님, 축복하소서
제 영혼과 육신을,
오 하느님, 축복하소서
제 믿음과 조건을,
오 하느님, 축복하소서
제 마음과 입을,
오 하느님, 축복하소서
제 손이 하는 모든 것을.

이 위대한 겸손의 장(제7장)을 마치면서 성 베네딕도는, 수도승이 그 힘든 단계를 다 오르고 겸손을 쏟아내는 과정이 끝난 다음에는 사람들에게서 겸손이 온몸으로 드러날 것이라고 말한다. "수도승의 겸손은 마음으로뿐 아니라 몸으로도 항상 드러난다. 분명히 그의 겸손은 하느님의 일이나, 성당이나, 수도원 안이나, 정원이나, 길이나, 밭이나, 어디서나, 또 앉아 있을 때나 걸어다닐 때나 서 있을 때나, 언제나"(규칙서 7,62-63) 마음의 내적 태도에서 드러난다. 이러한 사실은 오늘날 어느 정도 자의적으로나마 연구되고 있는 신체언어를 설명하는 데도 쉽게 이용될 수 있다. 걸음걸이, 앉는 자세, 손놀림에서 나의 내적 모습이 드러나기 때문이다. 이 전인적 통합이야말로 베네딕도적 생활에서 개인적으로나 공동체와의 관계에서 가장 중요한 위치를 차지한다.

"시편을 외울 때는 우리의 마음이 목소리와 조화되도록 할 것이다"(규칙서 19,7). 이 짤막한 구절은 시편을 노래하는 방식을 거론할 때 나온 말일 것이다. 이 구절의 참뜻은 다음 질문에 대한 대답을 요구하는 것이 아닐까: 내가 마음이 분산되어 통일을 이루지 못한다면 어떻게 하느님을 섬길 수 있겠는가? 이 질문은 이렇게 확대될 수 있다: 나는 공동체 안에서 제 역할을 하고 있는가? 교회의 일치를 위해서 일하고 있는가? 세계 평화의 증진을 바라고 있는가? 이런 물음들에 대한 확실한 대답은 규칙서의 전체 틀 안에서 찾을 수 있다. 베네딕도회의 생활을 따르면 내적 통합을 이루는 것은 물론, 종국에는 그리스도 안에서 완전한 인간으로 변모될 수 있을 것이다.

수도생활에는 세 가지 훈련이 있다. 그것은 몸, 지성 및 정신 수련으로서 베네딕도 사상의 토대가 되고 있다. 신체적 차원의 수련은 정주, 육체노동, 가난과 선행, 규칙 준수 등을 기반으로 하는 생활양식을 통해서 이루어진다. 이런 생활양식을 따르면 우리는 "이 모든 것을 부지런히 실행할 수 있는 일터"(규칙서 4,78)에서 즐겁게 봉사할 수 있게 된다. 정신적 차원의 수련은 겸손의 실천을 통해서 이루어지는데, 이 수련으로 순명과 좋은 열정과 내적 침묵을 실천하여 마음이 순수하게 되고, 더 나아가 수도승은 "이전에는 공포심 때문에 지키던 모든 것을 별 어려움없이 자연스럽게 습관적으로 지키기 시작할 것이니, 이제는 지옥에 대한 두려움 때문이 아니라 그리스도께 대한 사랑과, 좋은 습관과, 덕행에 대한 즐거움 때문에 하게 될 것이다"(규칙서 7,68-69). 지성적 차원의 수련은 공부와 성서 듣기를 통해서 이루어지는데, 이 수련을 통해서 우리는 순수하고 끊임없는 기도를 할 수 있게 된다.

그러나 이 모든 수련은 절도있게 하되 과도한 것이어서는 안된다. 성 베네딕도는 머리말에서 주님을 섬기는 학교를 소개하고, 곧 이어서 "우리는 이것을 설립하는 데 거칠고 힘든 것은 아무것도 제정하기를 결코 원치 않는 바이다"(머리말 46)라고 했다. 중용의 원리는 수도생활의 모든 영역에 스며 있다. 이러한 삶의 양식은 사막 수도승들의 삶과 현저한 대조를 이룬다. 사막의 수도승들은 누대樓臺 위에 올라앉아 있거나, 며칠씩 계속해서 음식을 먹지 않는 경우가 있는 반면, 『베네딕도 규칙서』는 허락 없이 하는 어떠한 고행도 실제로 금한다. 아마도 성 베네딕도는 성덕을 쌓는 데서도 경쟁이 있다는 사실을 너무도 잘 알고 있었을 것이다. 하여튼 그의 수도가족들은 충분한 음식은 물론 포도주까지 받았다. 규정상 저녁이 될 때까지 그날의 첫 식사를 하지 말아야 할 경우에도 지역 농부들의 관행에 따라 융통성을 두었다. 사순시기에도 음식과 음료의 양은 약간 줄이고 기도와 특별 독서에 시간을 약간 더 늘일 뿐이었다.

이 중용의 생활양식은 매우 고무적인 것이다. 이것은 좀더 단순한 생활방식과 조화를 이룬다. 단순한 생활은 슈마허Schumacher 등이 서구인들의 자원 낭비를 신랄하게 비판한 이래 많은 사람들이 추구하는 생활양식이 되었다. 중용의 생활양식을 통해서 우리는 서방세계와 제3세계간의 긴장과, 현대 사회의 극단적 빈부 격차에 눈을 돌리게 된다. 또한 우리는 소비사회가 매스컴의 지원을 받아 한편으로는 필요 이상 먹고 마시도록 과소비를 부추기면서 다른 한편으로는 체중을 조절하고 살을 빼고 식이요법을 하도록 꼬드기는 극단적 생활 형태에 주목하게 된다.

수도 공동체 생활은 모든 면에서 이와 같은 절제에 주의를 기울인다. 잘못을 고칠 일이 있으면 아빠스는 조심스럽게 사랑으로 충고해야 한다. 그렇지만 "녹을 너무 지우려다 그릇을 깨뜨리는 일은 없어야 한다"(규칙서 64,12). 아빠스는 양을 너무 심하게 몰면 죽는다는 사실을 안다. 그릇도 너무 심하게 문질러 닦으면 깨지는 법이다. 성 그레고리오가 규칙서를 평하여 "탁월한 분별력으로 저술하였다"라고 말한 것을 보면, 성 베네딕도는 목적에 맞게 수단을 지혜롭게 조절해야 한다는 것을 염두에 두고 있었음에 틀림없다. 규칙서는 최고의 이상을 견지하면서도 인간의 나약함에 대해 보여주는 인내에는 애정이 서려 있어 웃음마저 자아낸다. 가령 성 베네딕도는 수도승들이 함께 모여 "야간기도"를 바칠 때, 선창자는 늦게 오는 사람을 배려하여 시편 제94편(Venite)을 아주 천천히 노래하라고 권한다. 지각하는 이는 벌을 받게 되지만, 이렇게 하여 모든 이가 벌을 피할 수 있도록 가능한 한 시간을 많이 주어야 한다는 것이다. 인간의 나약함에 대한 감동적인 배려, 이것이 곧 중용이다. 이것을 다음과 같은 명쾌한 말로 요약할 수 있

다: 아빠스는 "모든 것을 절도있게 하여 강한 사람은 갈구하는 바를 행하게 하고, 약한 사람은 물러나지 않게 할 것이다"(규칙서 64,19). 즉, 요구의 정도가 약한 이에게는 놀라 도망치게 하지 말고, 강한 이에게는 너무 쉬워서 도전 의욕을 잃게 해서는 안된다는 말이다.

베네딕도 수도원의 분위기는 특별한 형태의 신심을 끌어들이거나 개발하지 않는다. 순교나 예언이나 어떤 형태의 극단적 행위를 조장하지도 않는다. 콜룸바 케리엘비스 아빠스Dom Columba Cary-Elwes는 자기 수도원의 한 수도승에 관한 흥미있는 이야기를 들려준다. 그 수도승은 자기 수도원의 수도생활이 충분히 엄격하지 않다고 믿고, 모든 점에서 외적으로 더 엄격해 보이는 다른 수도 공동체로 자리를 옮겼다. 그곳의 수도승들은 더 일찍 일어나고 더 검소한 음식을 먹었다. 육체노동은 더 힘들었고 침묵은 더 철저하였다. 그는 그와 같은 엄격한 생활이 자기에게 맞지 않다는 것을 알고 몇 개월 후에 그 수도원을 나왔다. 그런 엄격한 생활을 한다고 하느님께 더 가까이 나아가는 것이 아니라 오히려 너무 지쳐서 하느님은 고사하고 어떤 일에도 관심을 가지기가 어려웠다. 그는 전에 속했던 공동체로 돌아와서 평화롭게 생활하였으며, 그 공동체는 그의 경험에서 많은 교훈을 얻었다.

베네딕도 공동체에서는 전체적으로나 개인적으로나 무슨 일이든 건강과 체력을 해칠 정도로 쉬지 않고 너무 열광적으로 해서는 안된다. 과로는 생활의 리듬이나 휴식이 없이 너무 열심히 일을 하여 생기는 현상인데, 소모적인 경영자 사회에서 흔히 볼 수 있는 일이다. 이런 것은 베네딕도적 덕목이 아니다. 오히려 익숙하고 평범하고 단조로운 것에 만족하는 것이 그의 덕목이다. 베네딕도 수도회에서도 때로는 젊은이들이 좀더 영웅적이고 매력적으로 보이려고 평소의 평범하고 균형있고 정상적인 삶의 균형을 깨뜨리고 싶은 충동을 받을 수 있다고 렘버트 위클랜드 아빠스Dom Rembert Weakland가 최근에 지적한 바 있다. 그러나 베네딕도회의 장점은 정상적인 삶의 증거자가 되는 것이다. 정상적·중용적 생활방식을 풍요함이나 다양성을 차단하는 안이한 중도적 생활방식과 동일시하여, 수도원과 주변의 모든 것을 똑같은 회색으로 칠하는 것은 규칙서의 본래 의도를 웃음거리로 만드는 것이다. 규칙서는 사람의 각 요소, 공동체의 각 구성원, 일상의 모든 활동 자체를 귀중하고 의미있는 것으로 받아들이되 극단주의, 경쟁, 과로, 일중독 따위를 결코 조장하지 않는다. 사물의 상호 관련성을 통찰하여 부분들을 엮어 조화로운 전체로 만든다. 여기서 다시 베네딕도의 균형 사상이 두드러진다. 이 균형은 수도원의 일상 활동 형태에서 특히 잘 나타난다. 일상의 활동은 리듬처럼 번갈아 가며 짜여지기 때문에 수도원의 중요한 활동요소들은 서로 결속되어 있다. 수도승은 성당, 도서실, 부엌이나 농장으로 번갈아 자리를 옮기면서 기도와 공부와 노동 사이를 오간다. 규칙서는 하나의 활동이 다음 활동으로 이어질 때 그 일을 점검해 주고 균형을 잡아 준다.

이러한 점검과 균형이 조직적이지 못하고 산만한 나의 생활에 적용된다면, 나는 생활의 리듬이 깨진다고 느끼고 불평하면서 마지못해 그것을 받아들일 것이다. 왜냐하면 나는 가족, 직장, 여가, 내가 속한 지역 공동체나 기관의 요구로 인해서 마음이 분산되고, 그 사이를 분주히 뛰어다니며 이 일 저 일 덤벙대다가 지치기 때문이다. 『베네딕도 규칙서』의 맥락에서 볼 때 이런 잡다한 일들이 나의 생활에서 긍정적으로 작용한다고 볼 수 있을까? 그 하나하나의 일들이 나에게 유익한 것인가? 현재의 필요에 좀더 많은 공간과 주의, 특히 세심한 주의를 기울이는 것이 나에게 보탬이 되고 힘의 고갈을 막을 수 있을까? 나의 이러한 생활을 성 베네딕도가 제시하는 단순한 삶과 비교한다는 것은 정말 어처구니없는 생각일지도 모른다. 그러나 여러 가지 활동에서 오는 긴장도 긍정적이고 창조적인 생활을 위해 중요한 역할을 할 수 있음을 나는 안다.

인간은 생활의 리듬을 타는 동물이다. 우리 삶이 시종일관 유익한 것이 되고, 우리가 흠없는 자신의 모습으로 돌아갈 수 있는 귀중한 가능성을 잃지 않으려면, 생활의 리듬과 균형이 필요하다. 이 지극히 기본적이고 평범한 사실을 명심해야 한다. 이 사실을 진지하게 받아들이지 않는다면, 실제로 우리가 사용할 수 있는 잠재력은 감소될 것이다. 리듬과 균형을 고려하지 않는다면, 우리는 온전한 인격체로서의 자아를 점점 더 상실하게 될 것이다. 수도원의 일과와 건물 구조의 상호관계는 수도활동의 상호 관련성을 반영하고 조장한다. 현대 베네딕도회의 어느 수도승이 수도원의 생활은 솔기 없는 옷 같다고 했다. 회랑을 중심으로 모여 있는 건물들에는 유사성이 있다. 이 회랑들은 일종의 중심 연결선이 되어 성당, 식당, 도서실, 침실, 회의실을 등거리에서 이어주고 있기 때문이다. 이렇게 하여 기도, 공부, 식사, 일, 잠 등이 연속성을 이룬다. 아무것도 하느님의 일보다 우선되는 것은 없다는 규칙서의 말을 생각하면, 기도와 성당에 우선 순위를 두고 있는 것은 확실하지만, 이것들이 다른 활동과 근본적으로 분리되어 있는 것은 아니다. 규칙서에 나오는 수도원의 일과를 보면, 우월한 일들과 열등한 일들이 연속적으로 번갈아 일어나는 것이 아니라 똑같은 가치의 일들이 리듬을 타고 계속되는 것이다. 중요한 일과 중요하지 않은 일을 구별하지 않는다. 오히려 모든 활동은 다 중요하고 가능한 한 모든 이가 공유한다. 규칙서의 이면에는 하느님의 질서와 인간의 질서가 근본적으로 관계가 있다는 사상이 들어 있다. 이 사상의 뿌리는 하느님의 육화肉化에 있다. 그러므로 베네딕도는 당가當家(재무 담당)에게 보잘것없는 물건을 다룰 때에도 제대의 축성된 그릇처럼 여기라고 말한다(규칙서 31,10). 모든 물건들은 성물이므로 수도원의 재산을 나태하고 부주의하게 다루는 사람은 누구라도 비난받아 마땅하다. 삶의 어느 구석에도 하느님의 손길이 닿지 않는 곳이 없다. 하느님께서는 언제 어디서나 어떤 활동에도 현존하시고 가까이 오실 수 있기 때문이다.

한편 우리 대다수의 사람들은 수도원 건물의 물리적 환경을 실제로 이용할 수 없지만, 그것은 각기 다른 생활의 부분들이 서로 맺고 있는 관계를 상징적으로 보여주기 때문에 우리는 이 관계에 주목할 필요가 있다. 이 관계는 지극히 중요한 것이므로 명심해야 하며, 때로는 재발견해야 할지도 모른다. 아무리 작은 집이나 단칸 아파트에서라도 음식을 만들고 먹고 자는 공간이 구분되지 않으면 안된다. 이 원리를 확대하여, 아무리 비좁은 곳이라도 그 공간 안에 하느님의 현존을 위한 자리를 마련해야 할 것이다. 이미 동양에서는 실제로 행해지고 있으니 우리도 이것을 진지하게 받아들일 필요가 있다. 단순히 이콘(聖畵像)이나 사진이나 촛대나 채식(彩飾)된 성서 등을 비치하는 것만으로도 그리스도께서 들어오실 장소가 마련되었음을 보여주는 것이다.

우리는 신앙생활의 여러 가지 요소들, 예컨대 공동예배, 개인기도, 일상의 일, 침묵, 공부, 우정, 여가 등이 각각 별개의 활동이며 따라서 개발도 각각 따로 해야 되는 것처럼 생각하고 살기 쉽다. 베네딕도의 균형 사상은 그 자체가 목적이 아니라 전인적 통합을 위한 수단이다. 이러한 통합을 통해서 인격이 완성되고 하느님을 좀더 완전하게 경험할 수 있게 된다. 이러한 경험은 삶의 여정이 끝나고 완전한 부활의 기쁨을 맞이할 때 이루어지는 것이지만, 현재에도 그러한 경험이 불가능한 것은 아니다. 왜냐하면 하느님은 지금, 여기, 이 순간, 현재 하고 있는 행위 안에 계시며 우리가 언제나 만날 수 있는 분이시기 때문이다. 그러므로 어떤 일은 거룩한 것이고 어떤 일은 속된 것이라는 이원론은 용납되지 않는다. 몸을 구성하는 각 요소와 이 요소로부터 나오는 모든 활동은 존중되어야 하며, 각각의 활동은 제 역할을 하면서 하느님께로 나아가는 것이다. 그러므로 이러한 사상은 위대한 긍정을 의미한다. 모든 생활활동의 관련성과 균형과 중용은 규칙서의 기반이며, 인격의 통일성과 이로 인한 일상생활의 안정감은 베네딕도의 지혜에서 지극히 중요한 위치를 차지한다.

그러나 베네딕도의 균형과 중용에서 마지막으로 우리가 깨달아야 할 점이 하나 더 있다. 균형과 중용은 가기 쉬운 중도의 길이 아니라는 사실이다. 그것은 결코 무사안일도 평범한 삶의 방편도 아니다. 여기에는 엄청난 노력이 요구된다. 베네딕도의 균형은 타협이 아니라 오히려 궁극적 가치라는 하나의 중심에 마음을 집중하는 것이다. 그 중심적 가치의 힘을 우리는 거부하지 말고 수용해야 한다. 베네딕도의 삶이 우리에게 보여주는 것은 양극성을 띤 생활 현장에서도 삶의 평형을 유지할 수 있다는 사실이다. 수도승은 늘 정주와 변화, 전통과 미래, 개인과 공동체, 순종과 주도권, 사막과 장터, 행동과 묵상이라는 양극에서 오는 긴장 속에서 살아간다. 사실 그리스도인의 삶 자체가 역설적 삶의 전형이다. 성서에는 역설이 많이 나오는데, 『베네딕도 규칙서』의 역설도 성서를 바탕으로 하고 있다. 일생을 살아가노라면 일이 뜻대로 되지 않는다. 성 베네딕도가 수도승들에게 하느님께로 나아가기 위해서 사다리를 오르는 방법을 제시할 때, 그것은 동시에 겸손과 자기 포기로 내려감을 의미하는 것이었다. 이같은 역설이 복음서와 시편에 잘 나타나 있다: 어둠 속에서 빛을 보고, 죽음에서 생명을 얻고, 자신을 비움으로써 충만해지고, 가장 행복한 때는 받을 때가 아니라 줄 때이다. 산산이 찢어지고 갈라지고 조각날 수 있었을 것들이 하느님 안에서 통합되면 그것들이 오히려 완전과 균형을 이루는 수단이 될 수 있는 것이다.

묵상과 기도

야훼, 나의 하느님, 살려 달라 외치는 내 소리를 들으시고
병들었던 이 몸을 고쳐 주셨습니다.

(시편 30,2)

사막의 한 사냥꾼이 안토니오 아빠스가 수도원 형제들과 놀고 있는 것을 보고 깜짝 놀랐다. 노 아빠스는 때로는 형제들의 욕구를 충족시켜 줄 필요가 있다는 것을 설명하기 위해서 그 사냥꾼에게 이렇게 말했다: “화살을 재어 쏘아라.” 사냥꾼이 그대로 하였다. 노인은 “또 쏘아라” 하고 말했고, 사냥꾼은 또 그대로 하였다. 다음에도 또 활을 쏘라고 말하자 그 사냥꾼은 이렇게 말했다: “이렇게 활을 구부리다가는 활이 부러지겠습니다.” 그러자 아빠스는, “하느님의 일도 이와 똑같다. 형제들도 계속 긴장하면 곧 부러진다”라고 대답하였다.

(대 안토니오 아빠스)

예수님은 완전하시니 우리도 완전하기를 바라신다.

(마이클 램지 대주교)

저는,
목숨을 다 바쳐 당신을 경배합니다,
온 힘을 다하여 당신 말씀을 따릅니다,
온 입으로 당신을 찬미합니다,
모든 말로 당신께 영광을 드립니다.
열렬한 사랑으로 당신을 사랑합니다,
온갖 소망으로 당신께 무릎을 꿇습니다.
온 마음 다하여 당신을 사랑합니다,
온갖 감각으로 당신께 애정을 바칩니다.
정성을 다해 저의 전 존재를 당신께 봉헌합니다,
모든 신들 중 으뜸이신 하느님, 제 영혼을 당신께 봉헌합니다.

(화장대 앞에서 바치는 켈트인들의 기도)

살아 있는 모든 것 안에, 그리고 성자로 육화된 모든 것 안에 계시는 하느님은 우리가 주변에서 보고 만지고 듣고 냄새 맡고 맛보는 세상과 완전히 떨어져서 우리로부터 멀리 계시는 분이 아니시다. 그분은 순간마다 우리의 행동 안에서, 현재의 일 안에서 우리를 기다리신다. … 하느님은 나의 연필 끝에도, 나의 붓 끝에도, 나의 바늘 끝에도, 내 마음과 생각 안에도 현존하신다.

(떼이야르 드 샤르댕)

주님은
궁핍할 때 충만히 주시고
약할 때 전능하신 힘 되어 주시고
속박 중에 완전한 자유 주시고
사탄의 칠흑 같은 밤에는 빛 되어 주시고
슬퍼할 때 형언할 수 없는 기쁨 주시고
죽음 안에서 나의 생명 되시고
지옥 속에서 나의 천국 되시옵니다.

(찰스 웨슬리)

전능하시고 지극히 자비로우신 하느님,
간구하오니, 넘치는 선의로
저를 해치는 모든 악에서 저를 지켜 주소서,
영육으로 준비하여 유쾌한 마음으로
당신의 과업을 이루게 하소서,
우리 주 예수 그리스도의 이름으로 비나이다.

주

켈트인의 시는 Alexander Carmichael (ed.), *Carmina Gadelica* III, Edinburgh: Oliver and Boyd 1940, 26-7에서 인용했다. 이러한 시와 기도에 대해서 더 알려면 나의 책 *God under My Roof, Celtic Songs and Blessings* (Fairacres publications 87), Oxford: SLG Press 1984를 보라.

Dom Columba Cary-Elwes OSB의 이야기는 "Letter and Spirit: St Benedict's Rule for our Times", *The Way*, Supplement 40, Spring 1981, 43에 수록되어 있다. 그의 *Monastic Renewal*, New York: Herder and Herder 1967, 110-1도 본장을 쓰는 데 도움이 되었다.

베네딕도의 윤리에 대한 Dom Rembert Weakland의 묵상은 그의 논문 "The Role of Monasticism in the Life of the Church", *American Benedictine Review* 32/1, March 1981, 46에 나온다.

솔기 없는 복장의 비유는 Dom Dominic Milroy, "Education According to the Rule of St Benedict", *Ampleforth Journal* LXXXIV/II, Autumn1979, 1-10에 나온다. 본장 말미에서 언급한 역설paradox의 문제도 이 논문의 영향을 받았다.

묵상과 기도에서 Anthony the Great의 말은 *Sayings of the Desert Fathers* (no.13), trans. by Benedicta Ward, SLG Mowbray 1981, 3에서 인용했다.

켈트인의 기도는 화장할 때 하는 기도로 하루의 기조를 이룬다. *Carmina Gadelica* III, 46-7에서 인용.

마지막 기도는 삼위일체 대축일 XX을 위한 것이다.

·7·

재 물

"모든 일에 있어서 하느님 영광 받으소서."

성 베네딕도는 일상생활의 가장 단순하고 평범한 경험에서 하느님을 찾는다. 그는 신앙심을 기르기 위하여 특별한 사상이나 생각이나 느낌을 찾으려고 하지 않는다. 어느 현대 수도승의 단순한 말처럼, "일상의 꾸밈없는 현실", 이것이 그가 하느님을 발견하는 출발점이다. 베네딕도 수도회의 삶은 근본적으로 일상의 작은 일에 묻혀 있기 때문이다. 성 베네딕도가 삶의 균형과 하느님을 향한 총체적 자기봉헌을 강조하는 이유는 인간의 몸도 마음이나 정신처럼 제 역할을 지니고 있기 때문이다. 그는 육체적인 것도 인정하고 물질적인 것도 수용한다. 자연적인 것과 초자연적인 것, 성스러운 것과 세속적인 것으로 구분짓는 것은 규칙서의 정신에 철저히 위배된다. 규칙서의 "전체성과 건전성"은 단순하고 평범한 목표이지만, 이것이 그리스도인의 성숙한 삶을 촉진하여 완전하고 총체적인 인간의 삶이 되게 하는 것이다.

성 베네딕도는 공동체 생활에서 가장 기본적인 일을 맡고 있는 당가에게 "수도원의 모든 그릇과 전 재산을 제단의 축성된 그릇처럼 여겨라"(규칙서 31,10)고 말한다. 이를 깨뜨리거나 분실하는 사람은 누구든지 벌을 받아야 한다. 하느님께 속하는 물건을 소홀히 다루어서는 안되기 때문이다. 빵 만드는 곳이나 창고나 주방이나 정원의 도구들에 대해서도 사정은 같다(규칙서 32,4-5; 46,1-4). 수도원의 모든 물건에 대한 세심한 배려는 의복과 신발에 관한 규칙서 제55장에서 뚜렷이 드러난다. 의복과 신발은 수수하고 실용적이어야 한다. 옷이 몸에 맞아야 한다는 그의 주장은 참으로 실질적이다. 그리고 옷감은 "거주하는 지방에서 합당한 값으로 구할 수 있는 것"을 사용해야 한다는 규정은 매사에 중용의 원리를 보여주는 또 하나의 사례다. 그는 가난과 부유 어느 쪽도 원하지 않는다. 옷은 닳아서 해질 때까지 입어서는 안된다. "새 옷을 받으면 헌 옷은 곧 되돌려주어 옷장에 보관하였다가 가난한 사람들에게 주어야 한다." 이러한 규정들을 보면 베네딕도의 이상이 얼마나 평범한 생활 기준에서 나온 것인지를 알 수 있다. 충분해야지, 모자라서도 넘쳐서도 안된다. "수도승에게는 잠잘 때와 빨래할 때를 위하여 '투니카'(가운 같은 겉옷) 두 벌과 '꾸꿀라'(고깔 달린 겉옷) 두 벌이면 넉넉하다. 그 이상의 것이 있다면 그것은 쓸데없는 것이니 처분해 버려야 한다. 그리고 '샌들'이나 그 밖의 어떤 것이든지 새것을 받으면 헌것은 되돌려주어야 한다"(규칙서 55,10-12). 규칙서에는 아빠스가 주는 소지품들, 예를 들어 바늘이나 손수건 같은 사소한 물건에 대해서도 상세히 규정되어 있다. 각 수도승은 "필요한 모든 물품"을 받아야 하지만, 흔히 그러하듯이 개인적인 필요나 부족한 점들을 고려하여 예외 규정을 두기도 한다. 그러나 아빠스는 사도행전의 다음 말씀을 명심해야 한다: "저마다 필요한 만큼씩 나누어 주었다"(사도 4,35; 규칙서 55,20). 부족은 그 자체로 득될 것이 아무것도 없기 때문이다.

성 베네딕도를 특히 분노케 하는 몇 가지 일 중 하나는 개인 소유에 관한 문제이다. 그는 어떤 희생을 치르더라도 개인의 소유를 공동체에서 제거하기로 결심하고 이를 "수도원에서 뿌리째 뽑아버려야 할"(규칙서 33,1) 악습으로 규정한다. "아빠스의 명령 없이는 누구도 감히 무엇을 주거나 받아서 자기의 소유로 가지면 안된다. 예를 들면, 책이거나 서판이거나 펜이거나 아무것도 개인의 소유로 가져서는 안된다"(규칙서 33,2-3). 그는 사사로운 물건들을 숨겨두지나 않았는지 알아보기 위해 침구를 조사하는 규정을 마련하기까지 한다. "만일 아빠스로부터 받지 않은 물건이 발견되면 엄벌에 처할 것이다. 개인 소유의 악습을 뿌리째 근절시키기 위해서 아빠스는 필요한 모든 것을 줄 것이다"(규칙서 55,17-18). 여기서 그가 설명하는 것은 "청지기 소임"stewardship이다. 아빠스에게 부여되는 많은 소임 이름 중의 하나는 "가사의 관리인"이다(규칙서 64,21-22). 성 베네딕도는 각 수도승도 물건의 소유에 대해서 아빠스와 같은 태도를 취해 줄 것을 바란다. 관리인이라는 말은 명예스러운 낱말이지만 최근 교회에서 너무 지나치게 사용하여 본래의 뜻이 퇴색되고 기금 모으는 일을 연상케 한다. 청지기 소임이란 관리인 소임을 말한다. 맡은 물건을 유익하게 쓰기 위해 잠정적으로 관리하는 소임이다. 관리자로서 우리는 모든 재물과 토지 그리고 소유물과 재능의 유일한 주인이신 그리스도 앞에 책임을 지는 것이다. 우리는 결국 빈손으로 떠나야 하며, 아무것도 소유할 권리가 없다. 우리는 관리자에 불과하기 때문이다.

그러므로 성 베네딕도는 수도승에게 만족할 만한 수준의 생활에 필요한 모든 것을 제공하는 한편, 재물에는 항상 책임이 따르며, 소유하거나 부당한 방법으로 이용할 수 없다는 사실을 항상 일깨워 준다. 청빈은 베네딕도회의 서원에 포함되지 않는다. 그러므로 규칙서에는 탁발승들이 말하는 절대빈곤의 개념은 없다. 대신에 소유에 대한 태도는 오늘날 세계 도처의 궁핍과 빈곤 문제를 바라보는 우리에게 현실적으로 시사하는 바가 더욱 크다. 우리 대다수 사람들에게 (청빈을 강조하는) 프란치스코회의 방식은 실천적인 출발점이 되지 못한다. 제3세계의 빈곤과 날로 증가하고 있는 우리나라에서의 빈곤은 우리의 안전과 전통적인 생활양식에 위협이 되고 있다. 그렇지만 가난한 사람들을 위해 가옥과 일을, 책과 음반을, 의복과 가구를 모두 포기한다면, 그 행위 자체로는 멋진 자유를 누리는 몸짓이 되겠지만 궁극적으로는 좀더 큰 문제가 야기될 것이다. 오늘날의 베네딕도 공동체는 또 다른 사업 명세서를 준비하고 있다. 이 명세서에는 건물, 토지, 재물, 도서관, 현대식 주방시설, 강력 냉동기와 세탁기도 있으며, 또한 건물의 보수 유지와 균형 예산에 주의를 기울이고, 최신 기술을 받아들이고, 시대의 추이에 따라 적응하고 개선해 나갈 계획이 들어 있다. 규칙서에는 재물이 필요악이라거나 그와 비슷한 개념도 없으며, 소유하지 않는 것이 그 자체로 윤리적 가치를 지닌다는 말도 없다. 그러나 규칙서는 수도승에게 아무것도 자기의 소유로 여기지 말 것을 요구하면서, 물질을 대할 때 수용적 태도를 취함과 동시에 초연한 정신적 자세를 취할 것을 규정하고 있다. 이것은 물건을 값있게 여기고 즐기는 것이 잘못되었다는 말이 아니다. 만일 그렇게 생각한다면 그것은 사물의 신성함을 거부하는 것이 될 것이다. 인색함과 천박함은 우리 감정을 속박한다. 초연한 태도를 취한다고 즐기는 것을 배제하는 것이 아니다. 만일 그렇다면 우리는 하느님으로부터 받은 모든 것을 당연시하고, 그 놀라운 베푸심에 끊임없이 감사하기를 잊게 될지도 모른다. 얄궂게도 이런저런 물건들은 궁극적으로는 아무에게도 속한 것이 아니며 오직 하느님으로부터 빌린 것임을 알수록 우리의 즐거움과 감사하는 마음은 감소되기는커녕 오히려 더 증가하게 된다.

우리 그리스도인들은 이 세상에 살면서도 세상에 몰입하지 말아야 한다는 것이 신약성서의 일관된 주제이다. 세상일에 몰두하는 것은 재물의 노예가 되는 것이며, 성 베네딕도가 가장 두려워하는 것이다. 그리스도인의 자유는 재물의 억압적 세력으로부터 얼마나 해방되느냐에 달려 있다. 수도원 생활은 권력과 소유를 포기하고, 재물을 하느님께 자발적으로 위탁하기 때문에, 현대사회의 일반적 태도와 정면으로 배치되어 분명히 매우 특별한 의미를 지니게 된다. 세상에서는 사람의 가치를 판단할 때, 월급 봉투나 은행 잔고나 거주 도시의 구역이나 휴가의 종류 등이 기준이 된다. 그러나 규칙서는 다음과 같이 분명하고 강력하게 말한다: 수도승은 만나는 모든 사람에게 경의를 표할 뿐만 아니라 건물, 시간, 음식, 도구에 대해서도 같은 태도를 보여야 한다(이러한 태도는 넓은 의미에서 정결과도 상통한다. 정결은 소유와 교묘한 속임수와 착취를 거부하는 것이다). 모든 피조물은 하느님으로부터 나온 것이다. 아마도 이러한 이유로 성 베네딕도는 채식주의자가 된 것이 아닌가 여겨진다. 물론 이 점에 관해서도 필요할 경우, 예외를 두고 허약한 환자에게는 육식을 허용하였다(규칙서 39,11). 그는 사람과 시간과 재물을 신성하게 여겨 모두 하느님께 바치는 봉헌의 대상물로 간주한다.

"하느님이 모든 일에 영광을 받으실 것입니다"(1베드 4,11)란 말은 성 베네딕도가 기도에 대한 설명의 마지막에 쓴 말이 아니라, 장인匠人의 상품 판매와 실제로 값을 매기는 과정을 설명할 때 사용한 표현이다(규칙서 57,8). 교회 달력이나 성화 엽서를 제작하는 사람은 보는 사람으로 하여금 자연이나, 아름다운 정원이나, 꽃이 만발한 목장이 하느님을 아주 쉽게 만날 수 있는 곳이라는 생각이 들도록 제작해야 한다. 토마스 머튼은 시각적 환경을 예민하게 인식하고 있었으며, 자기 방의 창가에서 보이는 푸른 켄터키 언덕들과 암자를 둘러싸고 있는 숲을 잘 알고 사랑하였다. 그가 신성한 주변 환경에 대한 자기의 느낌을 담기 위해 찍은 사진들에는 문밖에 쌓인 통나무 더미나 겨울 하늘을 배경으로 서 있는 나무만 있는 것이 아니었다. 그는 책상의 등불, 타자기, 또는 접시로 가득한 싱크대에 대해서도 경의를 표하였다. 그의 사진첩 "숨겨진 일체"는 일상생활에 관한 이야기를 수록하였다는 점에서 의미있는 것이다. 그는 사람이 하느님께 나아갈 때 인간성을 단절하고 나아가는 것이 아니라 총체적 인간성을 지니고 나아가는 것이라고 믿었다. "하느님께로 나아갈 때 아무것도 숨기거나 제외시키지도 않았으며, 아무것도 다른 것보다 열등한 것이 없었으며, 모든 것을 취하여 전체의 일부로 삼았다." 수도원의 수련장으로서 그는 수련자들에게 수도생활에 대해 가르칠 때, 수도원 생활에 모든 감각기관을 열어야 한다고 말하곤 했다: "육신은 좋은 것이니 육신의 소리에 귀를 기울이라." 그런데 어른들은 보고 만지고 듣는 기술을 쉽게 터득하지 못한다. 오늘날의 학교와 부모들은 경쟁과 지식 교육열 때문에 둔해지고 손상된 아동들의 관찰력을 의식적으로라도 반드시 복원해야 한다. 머튼은 사람의 감각은 대부분 훈련을 통해서 주변의 일을 보고 듣고 감상할 수 있게 된다는 사실을 알고 있었다. 이러한 사실은 동양 문화에서 배울 수 있는 것이 아닌가 생각된다. 일본의 다례茶禮에서 사람과 사물에 대한 존경과 숭상의 감정이 민감하게 나타나는 것을 볼 수 있다. 이것은 베네딕도의 깨달음과 일맥상통하는 점이 많다. 사람들은 서로 정중하게 인사하고, 작은 화로, 숯불, 가지런히 놓인 찻잔, 각별히 선택한 도자기 사발 등과 같은 각종 도구들을 조심스럽게 다루며, 특정 물건과 모양과 그리고 각별한 정성으로 차를 올리는 전 과정에 경의를 표한다. 손님은 차를 마시기 전에 두 손으로 찻잔을 잡고 돌려서 들어올려 그릇과 차에 관련된 모든 것 — 흙, 진흙, 도공의 기술, 태양, 불, 물, 차나무 — 에 경의와 감사를 표한다. 가장 평범한 행위와 가장 평범한 물건이 그 순간에는 경배의 대상으로 변한다. 이처럼 가장 단순하면서도 심오한 예식에서 우리는 사물을 주의깊게 바라보고 즐기며, 참으로 있는 그대로 드러나게 하는 시간을 가질 수 있다. 머튼이 사진을 찍을 때 실물에 충실하려고 했던 것도 이와 같은 이치에서이다.

그러므로 성 베네딕도는 사물들을 성사聖事(sacramenta)라고 말한다. 성사란 창조주의 아름다움과 선하심을 드러내는 표징이라는 뜻이다. 따라서 규칙서는 다음과 같은 단순한 구절을 여러 번 반복한다: "수도승은 수도원에서 사용하는 모든 그릇들과 물품을 제단의 축성된 그릇처럼 여겨야 한다." 그리고 그는 **시간의 순서**를 무시하거나 어겨서는 절대로 안된다고 가르친다. 그의 영성은 매우 현실적이다. 수도승이 세상과 유리된 내적 영성생활로 도피해 들어간다는 것은 있을 수 없다. 하느님은 관념이나 이상이 아니다. 하느님은 지극히 구체적인 현실이다. 내가 하느님을 만나는 장소는 오직 구체적 일상생활의 현실뿐이다. 대부분의 시간, 나는 너무 바쁘고 일에 몰두하여 나를 영적으로 돌아볼 마음이나 겨를이 없는 것이 문제다. 그러나 성 베네딕도는 자신의 깊은 성사적인 이해를 통해서 창조물의 보편성을 강조하고, 성스런 것과 속된 것을 구분하는 것을 경시하며, 만물은 하느님으로부터 나온다는 사실을 깨닫고 있다. 이것은 직접적으로 나의 처지에 해당되는 말이다. 이러한 깨달음의 말씀을 듣지 않는다면 나는 바보다.

성 베네딕도의 이러한 말씀 덕분에 나는 날마다 어처구니없이 잡다한 세속의 온갖 일과 요구라는 덫에 사로잡혀 있으면서도 바로 지금 여기서 현재의 내 모습 그대로 하느님을 만날 수가 있는 것이다. 세속 일이라고 해서 모두 나를 구속하는 덫이라고 할 수는 없다. 규칙서에 두루 나타나 있듯이, 수도생활의 단조롭고 세속적 면에 주목하는 성 베네딕도의 정직한 태도에서 나는 어떤 해방감 같은 것을 맛본다.

성 그레고리오는 성 베네딕도가 본 환시에 대해 묘사하고 있다. 성 베네딕도는 한 줄기 태양 광선, 즉 말씀의 빛 안에 모든 창조물이 모여드는 것을 바라보았다고 하는데, 이것은 "그 말씀이 계시지 않았다면 지금의 어떤 피조물도 창조되지 않았을" 것이라는 사실을 말하는 것이다. 이러한 환시의 순간들은 흔치 않지만, 우리는 이를 통해서 눈에 보이는 피조물들을 바르게 보고 존경하는 법을 배우게 된다. 왜냐하면 보이는 것은 보이지 않는 하느님의 영광과 완전하심을 반영하고 있기 때문이다. 베네딕도회의 생활은 언제나 한 곳에 기반을 두고 건물과 주변 환경에 정주하므로, 수도 공동체는 항상 재산과 물건들을 관리하고 조직하는 문제에 직면해 왔다. 건물은 어떻게 확장할 것인가? 토지는 어떻게 경작할 것인가? 도서관은 어떻게 관리하며, 청소년 교육은 어떻게 할 것인가? 이런 일들은 당면한 과제이므로 즉시 해결하지 않으면 안된다. 복합 공동체를 운영하기 위해서는 효율성을 높여야 할 책임이 각 구성원에게 있다. 성 베네딕도가 환시를 통해 세상을 하느님의 창조물로 보았다면, 그 역시 창조사업이 일상생활 속에서 이루어졌음을 틀림없이 알았을 것이다. 규칙서에서 우리가 배울 수 있는 것은, 하느님의 현존은 일상생활을 통해서 전달되는 것이지 일상생활 때문에 하느님의 현존이 손상되는 것이 아니라는 점이다. 성 베네딕도는 우리 가운데서 우리가 하느님을 발견할 수 있도록 도와 준다. 우리는 흔히 이상화된 "그리스도적 삶"을 자신에게 부과하거나 처음부터 너무도 힘든 영적 마라톤을 시작하려는 경향이 있는데, 이는 오히려 죄의식을 유발할 가능성이 높다. 나는 주변을 돌아보고 하느님을 만나기 위해 특별하고 극적이며 영웅적인 일을 해야 하는 것이 아님을 알아야겠다. 나는 아내로서 어머니로서 주부로서 매일 부딪치는 가장 평범하고 때로는 무미건조한 일들을 처리할 때, 사랑으로 마음을 열면 그 일들이 하느님께로 직접 나아가는 길이 된다는 것을 알게 되었다. 칼릴 지브란Kahlil Gibran은, "일은 사랑을 밖으로 드러내보이는 것이다"라 했다. 사랑은 비범한 일을 하는 것이 아니라 일상의 일을 "친절하고 충실하게" 하는 방법을 아는 것이라고 말한 진 바니어Jean Vanier의 표현이 내 마음에 든다. 왜냐하면 이런 말들을 통해서 나는 모든 일을 균형있게 바라볼 수 있게 되기 때문이다. 여기에 이상적인 것이라고는 아무것도 없다. 이런 말을 들으면 나는 열정과 사랑으로 내게 주어진 일을 하게 되고, 더 고상한 어떤 활동을 꿈꾸지 않게 되며, 내가 이 일 저 일로 분주히 쫓아다닐 때에도 나를 사로잡을 듯한 성급하고 지나친 행위를 하지 않게 된다. 내가 하는 일상생활의 일에서 하느님의 현존을 끊임없이 의식하기란 쉬운 일은 아니지만 불가능한 것도 아니다. 그러나 여기에는 도움이 필요하다. 이런 깨달음에도 연습이 필요하다. 왜냐하면 하느님의 현존을 의식하는 것이 쉽게 자동적으로 되지는 않기 때문이다. 『베네딕도 규칙서』가 그렇게 고마운 이유는 바로 이 연습방법을 가르쳐 주고 있기 때문이다. "자신의 일상행위를 매순간 조심하라. 어느 곳에서나 하느님께서 너를 지켜보고 계심을 확실히 알고 있어라"(규칙서 4,48-49). 규칙서는 내가 이것을 해낼 수 있다는 것을 보여준다. 그런데 좀 고풍스럽고 낭만적인 말로 표현하자면, 나는 손으로 하는 노동에 대해서는 상당히 변덕을 부린다. 피곤한 하루를 끝내고 주방에서 저녁식사 준비를 할 때, "손으로 하는 일에서 느끼는 짜릿한 쾌감"을 내가 느낄 수 있을까. 내가 집이나 정원에서 등이 휘어질 듯 힘들게 일을 하면서 "하느님과 함께 짓고 창조하고, 밭을 갈고 가꾸는 일을" 하고 있다는 느낌을 가질 수 있을까. 육체노동과 하느님에 대해서 말할 때 우리는 감상주의에 빠질 위험이 크다. 내가 밀을 맷돌에 갈아 밀가루를 만들고 이를 부풀려 빵 한 조각을 구울 때가 통조림통을 따거나 믹서의 스위치를 켤 때보다 하느님께서 내게 더 가까이 계시다고 단언할 수 있겠는가(내게는 빵 만드는 일이 더 즐거울 수도 있지만 말이다). 그렇지만 육체노동을 이상화하는 따분한 말이나 과장된 모든 주장을 차치하더라도, 서류를 다루거나 계획을 세우거나 회의에 참석하는 일에서는 발견할 수 없는 어떤 귀중한 것이 육체노동에서 느낄 수 있음은 여전히 부인할 수 없는 사실이다. 물건을 손으로 만지고 다루고 느끼는 행위는 작은 둑을 이루어 급류처럼 쏟아지는 말과 글의 홍수를 막아준다. 말과 글의 위험은 그것만이 현실인 양 우리를 독점하여 우리의 정서를 배제시키는 데 있다. 손으로 하는 일은 특히 그것이 정원 가꾸기, 공예품 만들기 등과 같이 혼자 하는 일이라면, 자아를 발견하는 데 도움이 된다. 왜냐하면 육체의 리듬을 통해서 의식하지 않고 지내던 내면의 세계가 자연스럽게 표면으로 떠오를 수 있는 시간과 공간이 마련되기 때문이다. 조셉 콘라드Joseph Conrad는 『어둠의 한복판』*The Heart of Darkness*이란 책에서 노동을 이렇게 묘사한다: "나는 노동에서 나 자신을 발견할 수 있는 기회를 얻는다. 다른 사람 아닌 나 자신을 위한 나 자신의 실상, 다른 사람이 알 수 없는 그 실상에 직면하는 기회가 마음에 든다." 다른 사람들과 함께 하는 손노동에서는 서로 인사하고 나누고 다가감으로써 비인간성을 물리치는 기회를 가진다는 장점들이 있다. 그러나 어떤 형태의 육체노동이라도 그것의 가장 중요한 역할은 **육화**肉化의 진리를 끊임없이 깨닫게 하는 것이다. 하느님께서 인간의 몸으로 당신 자신을 드러내시기 위해 가장 평범한 물질 중의 하나이면서도 가장 신성한 것 중의 하나를 사용하셨다. 제대 위에 놓인 빵과 포도주는 일상생활에서 가장 평범한 물질이 아닌가. 만일 우리가 평범하고 일상적인 것을 소홀히 다룬다면 생명처럼 귀중한 이 육화의 진리를 놓치기 쉽다.

규칙서가 정하는 모든 활동은 그 가치가 대등하며, 공동체의 모든 구성원들은 그 활동에 함께 참여해야 한다. 수도원에서의 작업 어느 한 가지가 다른 일보다 더 중요하다는 법은 없다. 모든 일은 똑같이 잘 수행되어야 한다. 제대를 준비하는 제의방 책임자나, 음식을 장만하는 요리사나, 식탁을 돌보는 주방 일꾼들이나, 병자를 돌보는 양호 담당자나 모두 똑같이 하느님의 일에 종사하는 사람들이다. 그러므로 예를 들면, 아무도 주방일에서 면제되어서는 안된다. 그렇지만 필요에 따라 도움을 받을 수 있도록 아주 사리에 맞는 조항들도 있다. 일을 좀더 하는 사람이 어떤 면에서 칭찬받을 만하다는 데는 일리가 없는 것도 아니다. "허약한 사람들에게는 보조원을 주어 근심중에 일을 행하지 않게 할 것이다. 그러나 보조원을 주더라도 공동체의 규모나 지역의 여건에 맞게 해야 한다"(규칙서 35,3-4). 아무리 하기 싫은 사소한 일이라도 주의를 기울여야 한다. "한 주간의 봉사를 끝낸 사람은 토요일에 청소할 것이다. 그는 형제들이 손과 발을 닦는 데 사용했던 수건들을 세탁해야 한다. … 주방 봉사자는 자기가 관리하던 그릇들을 닦아서 온전한 상태로 당가에게 돌려주어야 한다"(규칙서 35,7-10).

늘 그러하듯, 여기서도 극단적 수단이나 이상화는 용납되지 않는다. 성 베네딕도는 게으름을 가장 싫어하기 때문에 작업 시간을 정해둘 것을 제안한다. 그러나 일은 특정 시간에만 하되 기도와 공부와 조화를 이루어야 한다. 이렇게 하면 일을 더 벌이거나 활동주의로 전락될 여지가 없게 된다. 규칙서에는 여가 시간에 대한 언급은 없지만, 주일에 육체노동이 없는 것이 눈길을 끈다. 성 베네딕도가 제자에게 하던 일을 중단하고 기도하러 가라고 하는 것은 일 그 자체가 목적이 되거나, 다른 모든 것을 지배하는 우상이 되는 것을 경계하는 것이다. 그는 이와 밀접히 관련된 또 다른 위험에 대해서도 마찬가지로 경계하고 있다. 즉, 일을 전적으로 자기중심적으로 하는 위험, 달리 말하면, 일을 자기성취의 한 과정으로 여기는 위험이다. 일을 할 때는 항상 공동체를 생각해야 한다. "만일 어떤 이가 자기의 기술이 수도원에 어떤 공헌을 하는 줄로 알고 교만하거든 그 일을 그만두게 할 것이다"(규칙서 57,2-3). 기술자는 자기의 기술을 공동체 전체에 유익이 되도록 사용해야 하며, 일을 하되 반드시 물건과 공동체 형제들을 존경하는 정신으로 해야 한다. 만족은 일 자체에 있는 것이지, 그것을 하는 이가 개인적인 인정을 받기 위한 것은 아니다. 성당 건축가들, 색유리 제작자들, 사본을 채색하는 수도승들은 모두 그들의 손이 이룬 일로 존경을 받지만 익명으로 남아 있다. 이처럼 성 베네딕도에게 일은 단순히 목적을 위한 수단도 아니고 그 자체로 절대적 고유 가치를 지니는 것도 아니다. 성 베네딕도는 인간이 일로 인해서 얼마나 쉽게 타락하고 비인간적이 되는지를 알고, 규칙서에 온갖 종류의 안전장치를 마련해 놓았다. 수도 공동체의 구성원들은 자기가 해야 하는 일에서 좌절해서도 교만해서도 안된다.

그런데 야릇하게도 이런 염려와는 달리 노동을 강조한 성 베네딕도의 정신은 지난 1,500년 동안 서양문화에 지대한 영향을 끼쳐왔다. 사실 베네딕도 수도회는 웅장한 건물, 농경의 업적, 훌륭한 학문, 교육의 전통과 어김없이 연관되어 있다. 중세 베네딕도 수도회의 특징은 엄청난 경제적 성공을 이루어 냈다는 점이다. 아놀드 토인비Arnold Toynbee는 이 사실을 "겨자씨 — 베네딕도 수도원 — 에서 서양문명이라는 큰 나무가 자랐다"라고 묘사하면서, 자기는 그 중요성을 아무리 높이 평가해도 부족하다고 말했다. 그러나 이러한 외적 업적을 열거하면서 노동을 이상화하는 것은 복음을 근거로 하는 성 베네딕도의 사상에 전적으로 배치背馳되는 것이다. 규칙서는 노동을 올바르게 질서잡힌 생활의 일부로 간주한다. 그런 노동의 결과 때문에 서구문명과 문화가 덕을 본 것은 부수적인 문제에 불과하다. 이것은 하늘나라를 먼저 구하는 사람들이 받을 상급이 어떤 것인가를 보여주는 멋진 사례이다. 성 베네딕도는 보통 사람이 항상 기도만 하거나 공부만 하고 있을 수 없다는 사실을 잘 알고 있었기에 수도승들이 일하기를 원했다. 당시의 육체노동은 손으로 하는 노동이었다. 균형잡힌 생활을 위해서는 정신적·영적인 것과 육체적인 것이 동시에 필요하였다. 그러므로 육체노동은 성당에서 바치는 예배나 도서실에서 하는 영적 독서 못지않게 품위를 지닌다. 기도와 공부처럼 노동에도 사물을 투시하는 힘이 들어 있다. 즉, 노동도 하느님과 다른 사람들과 연관되어 있다. 수도원의 노동은 다른 그리스도인의 생활에서와 마찬가지로 수도생활의 핵심인 하느님을 찬미하는 총체적 훈련의 일환이다. "하느님께서는 어디에나 계시며, 주님의 눈은 모든 곳에서 선인들과 악인들을 살펴보고 계심을 우리는 믿는다"(규칙서 19,1). 노동은 하느님을 찾는 전 생활 과정에서 절대로 분리될 수 없다.

헨리 나웬이 처음으로 게네시 수도원에 입회하였을 때 제빵소에서 컨베이어 벨트와 함께 보내는 시간이 수도생활에 방해요소처럼 느껴졌다. 독서와 글쓰기 작업을 위한 두어 시간의 자유시간을 얻기 위하여 하지 않으면 안되는 일로만 알았다. 그는 육체노동을 기도와 연관짓는 법을 배운 적이 없었다. 그 다음날 아빠스와의 대화에서, 그는 "하느님을 찬미하는 것이 베네딕도회의 생활 기준이다"라는 단순한 말에서 깊은 감화를 받았다. 아빠스는 이어서 "우리가 만든 물건의 값과 돈의 사용조차도 우리 생활 안에 계시는 하느님의 신비스런 현존을 찬미하는 마음으로 결정해야 한다"고 말했다. 헨리 나웬이 자기의 수도원 생활을 전체적 맥락에서 이해하였을 때, 비로소 컨베이어 벨트와 빵 절단기에 대한 자신의 부정적인 생각을 극복할 수 있는 힘을 얻게 되었다.

"모든 일에 있어 하느님께서 영광을 받으시도록"(규칙서 57,8) 하는 것이 수도원에서 하는 모든 일의 공통된 목표이다. 만일 일의 지향이 자아에 있다면, 일에 지나치게 몰두하기 쉽다. 때로는 그 일을 완수하는 데만 매달릴 수 있는가 하면 때로는 파괴적일 수도 있다. 어느 경우이든 하느님께 나아가는 길에 장애가 된다. 성 베네딕도가 공동체를 위해 마련한 둘째 안전장치는 반드시 공동체의 맥락에서 일을 하라는 것이다. 왜냐하면 우리 모두는 그리스도 안에 하나이기 때문이다. 이 말은 무의식적인 자랑이나 과로를 막아주는 안전장치가 된다. 때로는 불가능한 요구나 불필요한 자기희생 같은 방심할 수 없는 위험에 처하게 되는데, 이때는 자존심을 누르고 도움을 청하는 것이 훨씬 낫다. 힘든 일을 일종의 자기만의 비법처럼 몰고가려는 경향이 쉽게 나타날 수 있다. "사무실에서 늦게까지 일했습니다" 또는 "안됩니다, 이번 주간에는 하루도 쉴 수 없습니다"라는 말은 다른 모든 활동을 잠식하면서까지 자기만족에 취해 있었다는 것을 암시한다. 이에 대해서 성 베네딕도는 이렇게 경고한다: 일은 반드시 나머지 일과 관련하여 전체적 시각으로 보아야 한다. 일은 알맞은 때에 중지해야 한다. 기도시간을 알리면 즉시 일을 멈추어야 한다. 질서가 정상적으로 지켜지면 모든 일이 순조롭게 되기 때문에 식사시간과 기도시간을 진지하게 지켜야 한다. 수도원의 시간표를 잘 따르면 한 가지 일이 다른 일을 무시하는 횡포를 막을 수 있다.

그렇다면 노동은 사람의 품위를 깎아내리는 것인가 아니면 높이는 것인가. 노동은 아담의 저주인가 아니면 자기실현의 도구인가. 아마 이런 질문은 잘못된 질문일 것이다. 이런 질문들은 분명히 성 베네딕도도 풀기 힘든 문제였겠지만, 오늘처럼 복잡한 세상에서는 가장 절박한 질문들이다. 왜냐하면 세상에는 실업자 문제와 사람의 기를 죽이는 일과 관료 행정의 압박 때문에 어려움을 겪고 있다고 여기는 이들이 너무 많으며, 업종의 차별 또한 극심하기 때문이다. 하여튼 쉽지는 않겠지만, 그리고 수련자에게는 거칠고 험한 일이 되겠지만, 우리는 이 모든 부조리한 현상에서도 하느님을 발견할 수 있다. 인내는 노력을 계속해 나간다는 뜻이다. 그러나 우리는 하느님을 찾아야 하고, 하느님께서 우리를 만나시는 곳은 바로 지금 이 자리, 무미건조한 일상 속이라는 점을 명심하지 않으면 안된다. 우리가 하는 일이 기대만큼 즐겁지 않다면, 그때 그리스도의 생애를 생각할 필요가 있다(규칙서는 그리스도께서 항상 우리 생활의 중심이라는 사실을 확인시켜 준다).

그리스도의 생애에는 기쁨도 있었지만 창조사업의 일환으로서 말로 다 표현할 수 없는 고통이 따랐다는 것을 귀감으로 삼을 수 있기 때문이다. 기쁨과 고통, 이 둘은 대등하게 우리 삶에서 시간을 달리하여 겪게 되는 운명일지도 모른다. 심각한 문제는 일에 대한 우리의 태도가 소유물에 대한 태도와 흡사하다는 데 있다. 우리는 청지기이지 결코 재물의 노예가 아니다. 우리가 가지고 있는 것과 하는 일은 모두 하느님에게서 빌려온 것이다. 우리가 하느님께 나아가기 위해서는 그리스도의 온전한 삶과, 그 삶에 따르는 일상의 일들을 수행하지 않으면 안된다.

묵상과 기도

야훼여, 하신 일이 어이 이리 크시옵니까?

(시편 92,5)

주님, 하늘과 땅에 있는 모든 것이
당신 것이오며,
모든 것이 당신에게서 나오고,
우리가 당신께 드리는 것도
모두 당신 것이옵니다.

어떤 철학자가 성 안토니오에게 물었다: "사부님, 책이 주는 위로를 가지지 못하면서도 어떻게 그렇게 기쁘실 수가 있습니까?" 안토니오는 이렇게 대답했다: "아, 철학자여, 창조된 모든 것 자체가 나의 책일세. 하느님의 말씀을 읽고 싶을 때마다 책은 내 앞에 펼쳐져 있네."

(사막 교부들의 금언집 CIII)

부유함이란 재물을 많이 가지는 것이 아니라 욕망을 적게 가지는 것이다.

오 주님, 저는 주님의 이름으로
날마다 맡은 일을 하기 위하여
앞으로 나아갑니다.

저의 생각과 말과 행위로
오직 주님만을 알려고 결심하였습니다.

당신의 지혜로 맡겨주신 그 일
즐겁게 수행하게 해주소서.
제가 하는 모든 일에서
주님의 현존 찾게 해주시고
당신 뜻의 선하심과 완전하심을
증명하게 하소서.

(찰스 웨슬리)

돌을 들어올려라, 나를 만날 것이다.
나무를 쪼개어라, 거기에 내가 있다.
경탄하는 자 다스리게 될 것이다.

(옥시린쿠스 파피루스)

장로 한 사람이 말했다: "사람이 한곳에 정착하여 그곳에서 열매를 생산하지 못하면, 그곳이 너를 열매 맺지 못하는 사람이라고 쫓아낼 것이다."

(사막 교부들의 금언집 LIV)

오 하느님, 제 어린 암소를 축복하소서,
제 소망을 축복하소서.
오 하느님, 제 동료와 젖 짜는 손을 축복하소서.
오 하느님, 암소의 젖꼭지를 축복하소서,
젖 짜는 손가락을 축복하소서.
오 하느님, 그릇에 떨어지는
젖 한 방울도 축복하소서.

(켈트인의 우유 짜는 노래)

하느님이신 하느님의 말씀께서 모든 때와 장소에서 육화의 신비를 드러내신다.

(증거자 막시무스)

전능하신 하느님,
당신께서 하늘과 땅을 지으시고,
당신의 모습으로 사람을 지으셨습니다.
당신의 모든 일에서
당신의 손길 찾도록 가르쳐 주시고
흠숭과 감사로 당신을 섬기게 하소서.
성부와 성령과 더불어
이제와 영원히 다스리시는
우리 주 예수 그리스도를 통하여 비나이다.

주

본장의 첫째 구절은 Kevin Fogarty, *Hallel*, Winter 1979를 참조했다. "전체성과 완전성"에 대한 설명은 Maria Boulding (ed.), *A Touch of God, Eight Monastic Journeys*, SPCK, 1982, 115에 나오는 Dame Paula Fairlie의 말을 참고했다.

토마스 머튼의 사진들은 John Howard Griffin (ed.), *A Hidden Wholeness: The Visual World of Thomas Merton*, Boston: Houghton Mifflin Co. 1970, paperback edition 1979에 실려 있다. 실제 인용문은 서론 10쪽에 있다.

일본의 다茶문화에 대한 설명은 직접적인 나의 경험에 의한 것이다. 더 알고 싶으면 Horst Hammitzsch, *Zen in the Art of the Tea Ceremony*, trans. by Peter Lemesurier, Penguin 1982를 참조하기 바란다.

Jean Vanier의 말은 *Community and Growth*, Darton, Longman and Todd 1979, 220에 나온다.

노동의 신성함을 강조한 베네딕도의 공헌에 대한 Arnold Toynbee의 논의는 그의 책 *Man at Work in God's World*, Longmans, Green and Co. 1956을 보라.

컨베이어 벨트에 대한 Henri Nouwen의 이야기는 그의 *Genesee Diary* 28쪽에 있다.

묵상과 기도에서 켈트인의 우유 짜는 노래는 *Carmina Gadelica* IV, 64-5에서 인용하였다.

마지막 기도는 대림 전 제5주일을 위한 Alternative Service Book에서 따왔다.

· *8* ·

세 인

"그리스도 안에서 우리는 모두 하나다."

그리스도의 현존은 규칙서 전반에 걸쳐 감지된다. 이것은 베네딕도 수도생활의 중심을 이루는 당면한 실제이다. 캔터베리 대성당의 구원의 창을 바라보노라면 수도 공동체가 머리에 계속 떠오른다. 십자가에 못박히시고 부활하시고 승천하신 그리스도, 모든 피조물의 지배자께서 세상 사람들의 눈앞에 늘 계시다. 규칙서 어디에도 하느님과 그분의 신비에 대하여 추상적이거나, 관계가 먼 신학적인 논설은 없다. 그 대신 규칙서는 일상의 생활환경과 구체적 사물에서, 그중에서도 특별히 사람들 안에서, 그리스도와의 성사적인 만남이 이루어진다는 사상으로 가득하다. 성 베네딕도는 그리스도를 믿는 분이었으므로 그에게 그리스도는 시종일관 삶의 목적이었다. 그리스도와 함께하지 않으면 어떤 일도 의미가 없다. 그리스도와 함께할 때만 모든 일이 가능하다. 그가 선호하는 표현인 "그리스도께 대한 사랑 때문에"가 그의 모든 것을 말해준다. 그러므로 우리는 수도원에 들어가면 어디에서도 그리스도를 만나며, 그 안에서 복음서를 따라 하느님께로 되돌아가는 것이다. 복음이 곧 그리스도이시다.

성 베네딕도는 사람들에게서 그리스도를 발견한다. 형제자매와 손님에게서, 돌보기 어려운 병약자에게서, 낯선 이와 여행자에게서도 그리스도를 만난다. 그러나 누구보다도 먼저 수도승들의 아버지로서, 그리스도를 대신하는 아빠스에게서 그리스도를 만난다. 아빠스는 그리스도가 아니지만 여행자나 병약한 형제나 손님을 그리스도로 여기듯이 아빠스를 그리스도로 여기기 때문이다. 모든 일의 열쇠는 그리스도이므로, 그분 안에서, 그분을 통하지 않고서는 인간관계나 권위나 공동체의 문제들을 애초부터 이해할 수 없다. 그러므로 규칙서는 어떤 추상적 도덕률의 문제를 다루는 것이 아니라 우리에게 쏟는 그리스도의 사랑에 대한 우리 사랑의 응답을 다루는 것이다. "그리스도 안에서 우리는 모두 하나"(에페 6,8; 규칙서 2,20)이기 때문에, 그리스도와 수도 공동체는 불가분의 관계에 있다. "아무것도 그리스도보다 더 낫게 여기지 말 것이니, 그분은 우리를 다함께 영원한 생명으로 인도하실 것이다"(규칙서 72,11-12).

규칙서는 인간의 본성을 허황된 이상주의에서 보지 않고, 있는 그대로 보고 거기서부터 출발한다. 공동체에서 말썽부리는 구성원에 대해 슬쩍 언급한 대목(제2장)에는 인간 본성에 대한 그의 현실적 통찰이 반영되어 있다. 구성원 중에는 완고하고, 우둔하고, 예의 없고, 침착하지 못한 자가 있는가 하면, 태만하고 거드름 부리는 자들도 있다(물론 순종적이고, 온순하고, 인내심이 있는 이들도 있다). 어떤 집단이나 조직체나 본당에도 어리석고 게으르고 부주의하고 머리가 산만한 이들이 있으며, 게다가 매사에 방해가 되는 이들도 있다. 우리는 이러한 모습을 너무도 잘 알고 있다. 그런데 이것이 바로 우리의 현실이므로 성 베네딕도는 여기서부터 우리를 하느님께로 인도하려고 하는 것이다. 규칙서에는 각 개인의 능력과 방식에 따라 덕을 쌓을 수 있는 방법이 끊임없이 제시되어 있다. 규칙서는 사람들을 위해 쓴 것이며, 공동체가 개인을 위해 존재하는 것이지 그 반대는 아니다. 규칙서가 첫눈에는 매우 진부한 것처럼 보일지 모르나, 자세히 읽어보면 봉사자들, 당가, 문지기 등에 대한 규정에서 그가 공동체의 구성원들을 얼마나 위하고 있는지 확실히 알 수 있다. 여기에 공동생활의 세세한 일에 대한 상세하고도 주의깊은 규정들이 있다. 여기서 우리는 성 베네딕도가 제시하는 견실堅實, 분별 및 인간애가 무엇인지 엿볼 수 있다. 그는 잘 정돈된 생활 형태가 그렇지 못한 생활 형태보다 성덕을 쌓는 데 더욱 고무적일 수 있다는 사실을 알고 있기 때문에 정돈된 생활이 개인의 성숙에 어떻게 도움이 되는지를 보여준다. 하지만 그는 공적 질서와 개인의 성덕을 절대로 혼동하지 않으며, 어떤 일을 하더라도 남의 비위를 거스르거나 불편을 느끼게 해서는 안된다고 역설한다. 왜냐하면 그는 사적私的 요구와 개인의 권리를 인정하기 때문이다. 좀더 심오한 신학적 차원에서 보면, "다른 사람의 내적 생활에 대한 권한을 가진 유일한 분은 하느님이므로, 인간의 성숙은 인간이 만든 규칙이나 이데올로기로써 조작될 수 있는 것이 아니며, 대량생산될 수 있는 것도 아니다"라는 사실을 그가 인식하고 있기 때문이다. 성숙을 위한 성 베네딕도의 방식은 각 개인의 방식으로 하느님을 찾을 수 있는 여지를 마련해 주는 것이다. 제40장에는 포도주를 마시는 문제를 다루고 있는데, 고린토 1서에서 따온 말씀으로 시작한다: "이런 사람은 이런 대로 저런 사람은 저런 대로 저마다 제나름의 은사를 하느님께로부터 받았습니다"(1고린 7,7). 그러고 나서 성 베네딕도는 계속해서 수도승은 술을 마시지 않는 것이 더 어울리지만 금주할 수 없는 사람들에 대한 배려도 있어야 한다고 말한다. 이것은 그가 사람들의 요구에 대해서 얼마나 감수성이 예민한가를 여실히 증명한다. 그는 각자에게 성장하고 발전할 수 있는 기반을 제공하며, 특징이 없는 획일성에는 관심을 두지 않는다. 그러므로 성 베네딕도는 각자의 개인적 필요와 능력을 너그럽게 인정하는 차원에서 공동체 생활에 접근한다. 그는 모든 이들이 남의 약점을 인내로 대하기를 바라며, 정의보다는 자비를 선호하고, 서로가 서로를 배려하며, 무엇보다 먼저 열성보다는 사랑을 강조한다.

결과적으로 베네딕도는 규칙서에서 인간의 계급이나 배경이나 전문기술에 관계없이 각 사람을 존중한다. 이러한 태도는 어느 한 사람이 다른 사람보다 우월하다든지 더 가치가 있다는 잘못된 이론을 완전히 배격하는 것이다. 그는 혁명적이거나 전복적顚覆的인 방법을 쓰지 않고, 조용히 당시의 선입견들에 대해 도전하고, 일반적으로 수용되고 있는 사회질서에 대해서 많은 의문을 제기했다. "합당한 이유가 있지 않는 한

노예 출신의 수도승보다 자유인 출신의 수도승을 더 우대하지 말 것이다"(규칙서 2,18). 일반적으로 부자들이 존경을 받는다는 것을 그는 알고 있기 때문에 특히 가난한 이들에게 각별한 보살핌과 관심을 보인다(규칙서 53,15). 사제가 입회하더라도 사제의 권위 자체로는 특별한 신분을 주장할 수 없다(규칙서 60장). 나이가 서열을 자동적으로 결정하는 것도 아니다. 젊은 형제들의 말도 귀담아들어야 한다. "주님은 때때로 젊은이들에게 더 좋은 의견을 보여주시기 때문이다"(규칙서 3,3). 방문하는 수도승들을 받아들이고 머물게 하는 방법에 대해서도 짧으나마 친절히 언급하고 있다. (결국 같은 일에 종사하는 사람들이 가장 위협적이 될 수가 있으므로) 손님 수도승의 모범에서 배울 것이 있다고 판단되면 아빠스는 그 방문자에게 머물기를 권유할 수 있다. "왜냐하면 우리는 어느 곳에서나 한 분의 주님을 섬기고 한 분의 왕을 위해 분투하고 있기 때문이다"(규칙서 61,10).

규칙서에서 호칭의 형태를 다루는 대목은 좀 구식이지만, 예절에 관하여 매우 짧게 논술형식으로 기술하고 있다. 누구나 예의를 지키되 적절한 형태로 해야 한다. 사랑어린 인사는 자비와 존경을 나타내는 것이라는 말은 규칙서에 자주 나오는데, "남을 존경하는 데에 서로 앞장서시오"(로마 12,10)라는 성서 말씀을 실행하라는 뜻이다(규칙서 63,10-17).

그러므로 성 베네딕도의 형제들은 동등한 입장에서 의복과 음식과 가진 물건들을 나누어 쓰고, 더 나아가 공동체의 일을 모두 똑같이 나누어 감당하면서 함께 살아간다. 이러한 삶의 방식은 계급의식이 지배하던 성 베네딕도 시대의 생활방식에 얼마나 놀라운 영향을 끼쳤는지 그 가치를 평가하기란 어렵지 않다. 당시에 천하게 여겨지던 육체노동이 수도승들 사이를 결속시키는 접착제 구실을 하였으며, 수도원에 들어오기 전에는 노동을 멸시하였을지도 모를 교육받은 지배계급 출신 형제들과 그런 노동을 매일 했을지도 모를 노예 출신 형제들 사이를 연결하는 일종의 교량 역할을 하였다. 사람에 대한 존경과 노동과 사물에 대한 존중은 서로의 관계를 연결하고 깊게 한다. 정원에서 사용하는 도구를 제대에서 사용하는 축성된 그릇처럼 귀하게 다루어야 한다고 규칙서에 나와 있다면, 이것을 다루는 사람도 똑같이 존경을 받아야 할 것이다. 현대적 관점에서도 이것이 시사하는 바는 참으로 크다 하겠다. 예가 적절할지 모르겠지만, 나는 기름때를 만지기보다 책읽기를 좋아한다. 이와 반대인 사람들도 물론 많을 것이다. 그렇지만 솔직하게 말하건대 나는 무의식적으로라도 차고를 관리하고 기름을 파는 사람보다는 작가나 교사를 더 존경할지도 모른다. 내가 규칙서를 진지하게 받아들인다면 이 점에 주목하지 않을 수 없으며, 내가 규칙서에 따라 살려고 한다면 나의 태도를 재고하지 않을 수 없다.

그리스도께서 우리를 받아주셨으니 우리는 우리 자신뿐 아니라 다른 이들도 받아들일 수 있다. 자기 사랑은 기본적으로 중요한 것이다. 수도 공동체는 사랑의 학교다. 수련자는 이 사랑의 공동체 생활에서 자신의 참모습이 드러나도록 하기 위하여 먼저 자기를 벗기는, 즉 외적 자아를 벗어버리는 과정을 거쳐야 한다. 이 사랑의 학교에서는 세 종류의 사랑이 함께

자란다. 자기 사랑, 형제 사랑 그리고 하느님 사랑이 그것이다. 자기만족이나 자기정당화 없이 자기자신을 아는 것이 참으로 자기를 사랑하는 것이다. 나 자신을 진정으로 사랑하려면 나 자신에 대한 희망적인 생각을 버리고 나 자신을 있는 그대로 보는 것이다. 나의 삶에서 정직하게 나의 허식을 벗긴 다음, 사랑하시고, 받아주시고, 판단하지 않으시는 하느님 앞에 알몸으로 설 때, 비로소 나는 가식 없는 나의 참모습으로 돌아가 그 모습을 다른 모든 이에게 보여줄 수 있을 것이다.

여기서 다시 한번 수도서원을 조명해 보자. 정주는 나 자신으로부터의 도피가 아니다. 정주하면 나는 다른 이들을 있는 그대로 볼 수 있게 되고, 내가 바라는 그들의 모습이 아니라 그들의 참모습을 받아들이게 된다. 순명을 실천한다는 것은 나의 우상을 버리고 마음을 비워 다른 사람과 접촉하려고 하는 것이다. 그리고 성숙을 향한 개방이란 인간관계에 사랑이라는 역동적 힘을 불어넣는 것을 의미한다. 내가 개방적일 때 나는 변화에 대비하고, 나의 결혼생활 양상을 새롭게 하고, 아이들에게 자유를 누리도록 격려하고, 나의 우정이 화석화되는 것을 방지할 수 있게 된다.

성 베네딕도는 수많은 기본적 일에 대해서 그러하듯이 사랑에 대해서도 현실주의자다. 사랑한다는 것은 쉬운 일이 아니며, 여기에는 연습이 필요하다는 것을 성 베네딕도는 잘 알고 있다. 그는 공동생활을 화려한 말로 묘사하지 않으며, 성 아우구스티노의 표현과 같은 낭만적인 매력도 찾지 않는다. 성 아우구스티노는 공동생활을 이렇게 묘사했다: “형제들과 함께 사는 것이 얼마나 좋고 감미로운지. 이 시편의 가사들, 감미로움이 넘치는 이 송가, 이 쏟아지는 음률 … 형제들은 이것에 감동되어 함께 사노라. 시편은 형제들을 부르는 나팔소리다." 성 베네딕도는 규칙서의 마지막 부분인 제72장에서 사랑의 문제를 멋지게 다루고 있다. 그는 여기서 열렬한 사랑, 순수한 사랑, 겸손한 사랑을 이상으로 삼는다는 말을 한다. 이러한 사랑의 기반은 일상의 평범한 사랑을 실천하는 것이다. 날마다 만나는 사람에게서 그리스도의 얼굴을 본다는 것이 어찌 쉬운 일이겠는가. 여기에는 인내와 상상력과 선의의 유머가 필요하다. 성 베네딕도는 어떤 추상적 원리를 가지고 이런 사랑 문제에 접근하지 않고, 오히려 평범한 사랑의 의미를 실제적 예를 들어 보여준다.

문지기에 대한 그의 가르침은 철두철미 현실적이다. "누가 문을 두드리거나 가난한 사람이 외치거든 즉시 '하느님 감사합니다' 하거나 '강복하소서' 하고 대답하고, 하느님을 두려워하는 마음에서 온갖 양순함과 사랑의 열정으로 재빠르게 응대할 것이다"(규칙서 66,3-4). 여기서 우리의 사랑이 어떻게 실행되는지 그 실상을 한 번 보자. 부엌 싱크대 위에다 "누가 찾아오든지 그리스도처럼 맞이하여라"라는 경건한 표어를 붙여 놓기란 쉬운 일이다. 그러나 문간의 초인종이 울릴 때마다, 전화가 걸려올 때마다, 또는 사람들이 식사시간에 예고없이 찾아올 때, 내가 실제로 거기에 응대하고, 사람들을 진심으로 맞아들이기란 무척 어려울 것이다. 여기에는 많은 노력과 희생이 따라야 한다. 성 베네딕도는 이 점을 잘 알고 규칙서에서 손님맞이에 대해 지혜로운 권고를 한다.

"찾아오는 손님을 그리스도처럼 맞아들일 것이다"(규칙서 53,1)라는 말은 규칙서에서 가장 친숙한 말인데, 손님을 환대하는 것이 단지 문을 열어주고 식탁을 차려주는 것이 아니라 찾아오는 사람이면 누구라도 환영하되 따뜻하고 기쁘게 수용하는 마음으로 하라는 뜻이다. 동시에 규칙서는 이러한 이상을 보호하기 위하여 지혜롭게 안전장치를 만들어 놓았다. 마르타(예수님을 따르는 여인)처럼 일을 열심히 하면서 불평하고 괴로워하고 마침내 짜증을 내기까지 지친 상태에서 손님을 환대하는 것은 오히려 역효과를 내는 일이니 이런 일은 없어야 한다.

환대의 문제를 논의하자면 수용의 문제로 돌아가야 한다. 수용이란 우리가 회피할 수 없는 당면한 실제 상황에서 자기 자신과 다른 사람을 받아들이는 것이다. 누가 문을 두드리면 응답해야 한다. 저녁 식탁에 여분으로 자리를 네 개 만들어 둘 때에는 네 사람이 와서 식사를 함께하게 된다는 뜻이다. 만일 손님에 대한 나의 인상이 염려스럽거나, 방어적이거나(또는 공격적이라도 마찬가지이다), 근심스럽거나, 불안하다면, 포도주 한 잔이나 수프 한 그릇을 대접할 수는 있지만 그것은 진정한 마음에서 나오는 환대는 아니며, 나는 단지 사회적 기대를 이행하는 것에 지나지 않을 것이다. 내 집에서 내가 마음이 편치 않고서야 어떻게 좋은 주인 노릇을 할 수 있겠는가. 내 마음이 안정되어야 — 이것이 정주이다 — 남에게 나의 조건을 달지 않고 그들을 환영하며 편안하게 해줄 수 있다. 또 역설적이지만, 나 자신을 비움으로써 나는 줄 수도 있고 받을 수도 있다. 내 마음이 편견과 염려와 시기심으로 가득차 있으면, 남의 말이 귀에 들어오지 않고, 남이 주는 선물을 보지 못할 뿐만 아니라 나의 방어적 자세를 버리지 못하고, 그들의 제안에 마음을 열 수 없다.

그러나 위험은 또 있다. 손님을 지나치게 환영하고 대접하느라 나를 너무 많이 내어주는 경우가 그것이다. 명랑한 인사는 좋은 것이다. 문지기는 부름에 늘 따뜻한 마음으로 응답해야 한다고 성 베네딕도는 역설한다. 평화의 인사나 음식을 나누는 의식은 현대에도 있다. 그러나 아무리 순수하고 사랑이 담긴 접대라도 규칙서에 따라 균형을 잡아야 하며, 수도원의 질서를 부당하게 깨뜨릴 수도 있을 위험으로부터 수도원의 평화와 고요함을 지키는 것은 매우 중요한 일이다. 성 베네딕도는 수도원의 생활과 일을 원활하게 하기 위해서 신중하게 어떤 제약을 두지만, 물론 손님에게는 수도원을 있는 그대로 체험할 수 있도록 보장한다. 수도승들과 손님이 지나치게 한데 어울리는 것은 어느 쪽에도 도움이 되지 않는다. 아무튼 전례가 지향하는 원칙은 어디서나 동일하다. 수도승들이 하느님을 만날 수 있는 시간과 장소는 항상 보호되어야 한다. 나 자신을 적절히 돌보고 사랑하는 것은 어떻게 해서든지 내가 지키지 않으면 안되는 일이다. 남을 위하는 일에는 수고를 아끼지 말고 경비도 계산하지 말아야 한다는 말을 많이 듣는데, 이런 파격적인 말을 들을 때에도 나 자신을 적절히 돌보고 사랑하는 일에 주저함이 없어야 한다. 사람들은 끝없이 서로 마주치고 즐기고 오가며 수없이 많은 사람들을 만나는데, 이 모든 활동의 끝에서 성 베네딕도는 우리에게 두 가지 단순한 질문을 던진다: 나는 그들 안에서 그리스도를 만났는가? 그들은 내 안에서 그리스도를 만났는가?

우리가 진실로 모든 사람을 그리스도처럼 맞이한다면 마땅히 서로 존중해야 한다. 왜냐하면 우리 각자는 하느님의 형상으로 창조되었기 때문이다. 그런데 우리가 너무도 쉽게 빠지는 특별한 유혹이 있다. 우리는 조심하지 않으면 사람들을 (손님뿐 아니라 나의 가족, 친구, 직장 동료, 우연히 만나 아는 사람들까지도) 조종하고 싶은 유혹을 받는다. 나는 사람들에게 나의 요구를 퍼붓거나, 나의 기대에 따르도록 하거나, 영향력을 행사하여 그들이 나의 비위를 맞추어 행동하지 않으면 안된다는 느낌이 들도록 한다. 사실 나는 사람들을 있는 그대로 받아들이지 못하였으며, 그들이 옹졸하고, 약하고, 좌절하고, 우울할 때 단순히 그들 곁에 있어 주는 것으로 만족하지 않았다. 나는 그들의 이익을 위한다는 명목으로 그들을 개선하고 조직하려고 애써왔을지도 모르며, 그들이 그들 자신과 나에게 얼마나 중요한 존재인지를 말하면서도, 그들의 처지보다 나 자신의 처지에 훨씬 더 많은 관심을 가졌을지도 모른다. 오히려 나는 그들을 판단하고 억압하고 그들의 가치를 떨어뜨리고 나의 이익을 위해 그들을 이용해 오지 않았나 하는 생각도 든다.

규칙서는 나에게 자제와 감수성을 요구한다. 여기서 자제는 넓은 의미에서 순결에 비유된다. 자제는 자기의 기쁨이나 자기만족을 위해서 다른 사람을 이용하기를 거부하는 것이다.

베네딕도회에는 정결서원이 없다. 규칙서에도 그런 말은 실제로 나오지 않을 뿐만 아니라 그와 같은 개념도 없다. 다만 제4장에 "순결을 좋아하라"(규칙서 4,64)라는 명령이 있을 뿐이다. 한편 제72장에 "형제적 사랑을 깨끗이 드러내라"는 말이 나온다. 이 장은 형제들간의 열정과 지극한 인내와 인간성에 대해서 언급하고 있는데, 그 어조는 로마서의 본문과 같다: "남을 존경하는 데에 서로 앞장서시오"(로마 12,10; 규칙서 72,4). 서원하는 날 수련자는 "아무것도 자기에게 남겨두지 않는데, 그날부터 자기 몸에 대해서라도 아무 권리를 가지지 못한다는 것을 알기 때문이다"(규칙서 58,24-25). 이것은 육신을 부정하는 말이 아니다. 육신을 부정하는 것은 베네딕도의 전반적인 생활방식에 위배된다. 또 수련자는 모든 재산이나 소유물들의 목록을 작성하여 위탁 관리하게 해야 한다. 규칙서는 성욕에 대해서도 별도로 다루지 않는다. 이것은 총체적 인간 본성의 필수 구성요소로서 규칙서의 구석구석에 특징적으로 드러나는 존경과 경의에 관한 주제와 연관되어 있다. 이것은 오늘날 성적 문제에 접근하는 방식과는 현저한 대조를 이룬다. 현대인들은 성 문제를 따로 떼어, 마치 그 자체만으로 다룰 수 있는 문제인 것처럼 보는 경향이 있다. 사실 부모와 교사들은 이를 자의적으로 분리하여 아이들이 적정한 연령이 되었을 때 가장 중요한 화제로 끄집어내어 진지하게 검토해야 하는 일인 것처럼 다룬다. 그러나 만일 10대의 아들이나 딸을 둔 어머니로서 내가 그들이 어릴 때 그들에게 장난감과 음식과 동물들과 관련하여 사물을 귀하게 다루어야 한다는 것을 깨우쳐 주지 않고 그들이 사춘기에 들어섰을 때 갑자기 몸을 귀하게 다루라고 말한다면 그 말이 먹혀들겠는가? 만일 어머니들이 지쳐 있고 화를 참지 못하여 어린이들의 의사를 무시한 채 머리 위로 옷을 비틀어 잡고 그들을 욕조로 끌고 들락거리거나, 좌절한 상태에서 그들을 상점 주위로 끌고 다닌다면, 신체의 존엄성에 대해서 무의식적으로라도 말을 하는 것은 죄를 짓는 것이 될 것이다. 물론 인간의 성적 태도나 행동에는 이 이상의 무수한 요인들이 관련되어 있다. 이러한 문제에 관한 한 존경과 책임이 문제 해결의 출발점이 되는 것이다. 그렇지만 성 베네딕도가 성을 인체 구성의 고립적 요소로 보지 않고 이 문제를 수월하게 넘어가는 것을 보면, 성에 대한 우리의 거의 병적인 강박관념을 바로잡아 주는 청량제를 대하는 것 같다. 그에게 있어 성이란 기본적으로 사랑하고 사랑받으며, 서로 받아들이고 받아들여지는 총체적 삶의 일환인 것이다. 이것이 없다면 우리는 누구도 그리스도의 형상으로 창조된 완전한 인간이 될 수 없다.

수도승은 공동체 안에서 인간의 사랑과 하느님의 사랑을 함께 찾을 수 있어야 한다. "수도승의 삶에서 사랑은 활력을 주는 힘이다. 수도원은 하느님에 대한 사랑을 지속적으로 유지해 주며, 형제간의 우애를 효과적으로 서로 주고받을 수 있도록 기회를 제공해 주기 위해 존재하는 것이다." 수도승은 이 공동체에서 경험을 통해 자기가 공동체에 필요한 존재이고 인정받고 용서받는 사람이라는 확신을 가지게 된다. 이런 확신이야말로 수도승의 우애를 위한 기반이 된다. 우애는 일종의 기술이다. 그런데 오늘날 이 기술은 매우 등한시되어 "결혼"이나 "가족"이라는 말보다 더 적게 주목을 받고 있다. 교회에서 교회를 묘사할 때 즐겨 사용하는 말 중 하나는 "가족"이란 낱말이다. 그런데 이 말이 주는 인상은 흔히 어린애가 있는 부부의 핵가족을 떠오르게 한다. 이런 가족 개념 때문에 나머지 대부분의 인간이 우리의 관심에서 배제되고 그로 인해 마음의 상처를 받게 된다. 독신자들이나 결손가정 또는 이산가족으로 사는 이들이나 모두 우정으로부터 나오는 온정과 지원에 의지하며 산다. 따라서 독신을 지키며 사는 수도승이라고 해서 따뜻한 인간관계를 배제하는 것은 결코 아니다. 오히려 사랑을 성적인 것과 동일시하지 않기 때문에 인간관계는 더욱 자유롭고 개방적이 되는 것이다.

수도생활이라고 해서 정서적·성적 관심을 부정하는 것은 아니다. 단지 성욕을 신체적·성적 접촉과 동일시해서는 안된다는 것이다. "성적 충동은 하느님으로부터 받은 것이다. 이것은 기도를 포함하여 우리가 생각하고 행하는 모든 일의 크기를 결정할 뿐만 아니라 활력의 원천이 된다. 성적 충동은 자기자신을 최대한으로 바치고 싶은 충동이다. 이것은 사귐과 사랑과 생활의 일부로서 없어서는 안될 것이다." 이런 생활을 하는 사람이 현대의 수도승이다. 그러나 서양문화에서는 사랑과 애정에 대한 태도를 육체적인 것, 특히 생식기와 관련지음으로써 이 문제에 대한 논의를 약화시키는 경향이 있다. 인간에게는 반드시 우정이 있어야 한다. 나에게는 남자친구와 여자친구가 다 필요하다. 나는 사랑을 주고받아야 한다. 이것은 독신자들에게나 결혼한 사람들에게나 결혼 이외의 우정을 지속하고 싶은 사람들에게나 모두에게 있어 사실이다. 사랑, 신뢰, 수용 — 나는 이런 것들을 그리스도로부터 받는다. 이것은 내가 그리스도를 알고 사랑하게 될 때, 그리고 내가 인정받고 사랑받고 있으며, 또한 나도 나의 동료들을 사랑하고 인정한다는 사실을 깨닫게 될 때 가능한 것이다. 나의 가장 중요한 관계는 그리스도와의 관계이다. 그분을 통하지 않고서는 나는 다른 사람과 관계를 맺을 수도 없으며, 사랑의 점진적 성숙이나 사랑의 나눔도 이룰 수가 없다.

묵상과 기도

야훼는 하느님, 알아 모셔라.
그가 우리를 내셨으니,
우리는 그의 것, 그분의 백성,
그가 기르시는 양떼들이다.

(시편 100,3)

당신의 행위는 세상 사람들과는 달라야 합니다.
무엇보다도 제일 먼저 그리스도를 사랑하십시오.
성내어 행하지 마십시오.
원한을 오래 품지 마십시오.
마음에서 간사한 계교를 모두 제거하십시오.
평화의 인사를 겉치레로 하지 마십시오.
사랑이 필요한 사람을 외면하지 마십시오.

(베네딕도 규칙서 4,20-26)

하느님을 기억하고 모든 사람을 존경하는 사람은 하느님의 보이지 않는 손길로 모든 사람의 도움을 받습니다. 상처입은 사람을 돌보는 사람은 하느님의 도움을 받을 것입니다. 형제를 돕기 위해 손을 내미는 사람을 하느님께서는 팔을 펼쳐 지켜주십니다.

(시리아의 이사악)

나에 대한 따뜻한 사랑을 계속 지켜주십시오. … 몸은 당신과 함께할 수 없어도 마음은 항상 당신과 함께 있습니다. 나처럼 어디서나 친구를 얻도록 애쓰십시오. … 친구가 충분하다고 생각하지 마십시오. 부자든 가난한 사람이든 형제적 사랑으로 함께하십시오. 이 편지는 내 마음의 기록입니다.

(1093년 캔터베리에서 벡에게 보낸 성 안셀모의 편지)

우리는 서로서로 일으켜세웁니다.
신앙의 성장, 영원한 안식, 확고한 희망,
순수한 기쁨과 안정된 평화 위해 우리는 기도합니다.
우리는 더욱더 많은 사랑 충만케 합니다:
예수님 품에 안길 때까지,
우리의 낙원에 들 때까지,
우리에게는 안식이 없습니다.

(찰스 웨슬리)

남편과 아내는 서로를 있는 그대로 받아들이는 것이 특징입니다. 그들의 상호 존경에 대한 믿음의 토대는 서로의 가치나 권리가 아니라 있는 그대로 서로를 받아들이는 것입니다. (혹시 신앙 공동체를 제외하고서는) 다른 어떤 인간관계에서도 이렇게 조건없이 수용하고 서로의 건강과 성숙을 바라는 관계를 생각하기란 어렵습니다.

친애하는 여러분
서로 사랑합시다
사랑은 주는 것
사랑은 고치는 것
사랑은 마음속의 미움과 싸움을 끝내는 것
이것이 그리스도의 사랑입니다
하느님 아버지는 사랑이십니다.

기도의 본질은 다른 이의 목소리, 즉 그리스도의 음성을 듣는 것입니다. 마찬가지로 내가 만나는 사람들의 목소리에서도 그리스도의 음성을 듣는 것입니다. 그리스도께서는 그 사람을 통해 내게 말씀하시기 때문입니다. 그리스도의 음성은 모든 사람의 목소리를 통해서 나에게 옵니다. 그분의 얼굴은 한없이 다양한 모습으로 나타납니다. 엠마오 가는 길에서는 나그네의 얼굴로 나타나시고, 막달라 마리아에게는 이야기하는 정원사의 모습으로 나타나시고, 또 내 이웃의 모습으로도 나타나십니다. 하느님께서는 각 사람의 모습에서 당신 모습을 생각할 수 있도록 하시기 위해 사람이 되셨습니다. 완전한 기도는 각 사람의 얼굴에서 그리스도의 현존을 찾아 그것을 인정하는 것입니다. 그리스도의 독특한 모습은 성화상입니다. 각 사람의 얼굴도 그리스도의 성화상입니다. 기도를 잘하는 사람은 이것을 발견합니다.

(캐서린 드 후엑 도어티)

전능하신 아버지,
당신의 아드님 예수 그리스도께서
가장 어려운 형제에게 해주는 것이
또한 그리스도를 위해 해주는 것이라고
저희에게 가르쳐 주셨습니다.
그분께서 모든 이의 종이 되셨듯이
우리도 다른 사람들의 종이 되게 해주소서.
그분은 우리 위해
목숨을 바치시고 돌아가셨습니다.
그러나 부활하시어 아버지와 성령님과 함께 한 분이 되시어
이제와 영원토록 다스리십니다.

주

155-6쪽의 인용문은 Dominic Milroy, "Education According to the Rule of St Benedict", *Ampleforth Journal* LXXXIV, Autumn 1979, 2에서 따왔다.

159쪽 첫 단락의 내용은 Charles Dumont의 어떤 글에서 나온 것인데 출전을 찾지 못하였다.

St Augustine의 발췌는 공동체를 다루는 Oury의 책 10장에 실려 있다.

Henri Nouwen, "The Poverty of a Host", *Monastic Studies* 10, 1974, 65, 69를 나는 재미있게 읽었다.

169-70쪽의 짧은 단락 두 개는 우정에 대한 지혜를 담은 글이다. 166쪽의 인용문은 Dom Dominic Gaisford, *A Touch of God*, 164에서 취했다.

157-8쪽의 내용은 Bernard Ducruet, "The Work of St Benedict", *Cistercian Studies* XV/2, 1980, 152-61에서 도움 받았다.

묵상과 기도에서 남편과 아내에 관한 인용문은 보고서 *Marriage, Divorce and the Church*, SPCK, 1971, 33-4에서 취했다. 이것은 본서 4장(정주)에서 언급한 Catherine de Hueck Doherty, *Poustinia*, 92에서도 인용되었다.

마지막 기도는 Alternative Service Book의 것으로 성령 강림 대축일 11(삼위일체 대축일 10)을 위한 것이다.

·9·

권 위

"극진한 보살핌과 염려"

규칙서는 "오, 아들아, 스승의 계명을 경청하여라"로 시작된다. 바로 다음의 둘째 문장에는 "어진 아버지의 훈시"라는 말이 나오는데, 이 말이 첫째 문장의 내용을 규명한다. 이 두 표현을 나란히 두는 데는 특별한 의도가 있다. 이는 규칙서의 배경을 처음부터 규정해 두려는 것인 바, 스승의 권위가 아들에 대한 자상한 아버지의 염려로 행사되어야 한다는 것이다. 그러므로 아빠스가 되는 첫째 조건은 한 기관의 수장首長이라는 직위가 아니라 아들에 대한 어버이의 관계이다. 중세에 와서는 자상한 아버지로서의 아빠스 이미지가 점점 줄어든 반면, 더 부유하고 유능한 고위 성직자·행정가·저명인사로 변신하게 됨에 따라 그러한 관계는 점차 사라져갔다. 따라서 이런 형태의 지도자에게는, 제도화되지는 않았지만, 끊임없는 감시 기능, 즉 사람들 위에 군림하는 구조가 필요하게 되었다. 그러나 아빠스의 역할이 후기 로마 제국 시대의 가장家長

역할 같은 것은 아니다. 당시 사회에는 노예나 자식들의 생사 여탈권이 가장에게 있었다. 아빠스를 가장의 관계로 본다면 민감한 문제를 많이 놓치게 된다. 빅토리아 여왕 시대의 아버지 상像을 연구해 보아도 아직 적절한 아버지 상을 찾을 수가 없다. 아버지 상을 올바르게 인식할 수 있는 좋은 조건은 오히려 현대의 우리에게 있다. 그렇지만 완전한 아버지 상을 보려면 아버지라는 이름 외에도 규칙서가 아빠스에게 부여하는 다른 칭호, 즉 "스승"·"목자"의 기능과 "의사"·"관리자"의 기능이 있다는 사실을 알아야 한다. 이러한 아버지 상에는 온화함과 엄격함이 함께 있다. 아빠스는 수하 사람들에게 늘 자비롭게 대해야 하지만, 책망하지 않거나 그만두라고 명령하지 않는 것이 개인과 공동체에 반드시 이로운 것은 아님을 알아야 한다. 아빠스의 권위에 도전하는 형제들은 자기들이 얼마나 멀리 갈 수 있는지를 알 필요가 있다. 아빠스의 권위가 없다면 수도원의 안전을 이룩할 수 없다. 부모들이 잘 알고 있듯이, 자식을 책임감있는 사람으로 키우려면 그런 안전망이 필요하다. 내가 어머니로서 너무 관대하여 자녀들에게 엄격하게 대하지 못하거나, 또는 아이들이 일정한 한계들을 지키도록 가족생활에 합당한 규범을 만들어 두지 않으면 나는 자식들에게 못할 짓을 하는 셈이다.

성 베네딕도가 수도승들뿐만 아니라 아빠스에게 바라는 것은 순명, 즉 하느님의 말씀과 수도규칙과 형제들의 말에 귀를 기울이는 것이다. 따라서 처음부터 아빠스의 권한은 축소된다. 왜냐하면 진정한 순명에 따라 사는 이에게서 독재자가 나

올 수는 없기 때문이다. 한 걸음 더 나아가 아빠스는 그리스도의 대리자이다. 규칙서 머리말 전체를 통해서 삶의 길을 제시하는 분은 그리스도이다. 아빠스가 말하는 사랑은 곧 그리스도의 사랑이다. 그의 가르침은 그리스도께서 몸소 가르치는 것이다. 아빠스를 "스승"이라 하고 수도원을 "학교"라고 하는 것은 무슨 뜻인가. 가장 적절한 비유는 아버지가 자식들을 가르치고, 스승이 제자들을 가르치는 것이다. "주님을 섬기는 학교"라는 말에서 "학교"란 말을 공교육의 의미로 생각하면 잘못이다. 본래 "학교"라는 말은 공동목적을 위해 사람들이 모이는 방이나 넓은 집회 장소를 의미하는데, 규칙서에서는 하느님을 찾기 위해 모이는 사람의 집단을 의미한다. 그러므로 학교라는 것은 장소와 사람의 집단을 함께 의미한다. 학습 과정도 기술을 전수하는 도제제도의 학습 과정과 흡사하다. 고대사회에서는 아버지가 자식에게 기술을 전수하였으므로 도제제도에도 아버지-아들의 관계가 성립된다. 도제관계의 요건은 모방이다. 이것은 오랜 기간의 인내로운 관찰을 통한 모방이며 매일 함께 삶으로써 얻어지는 공동학습이다.

한편 성 베네딕도는 규칙서에서 교육과 학습에 관한 또다른 심오한 방법을 소개하는데, 그 방법은 오늘날 학교에서 실행하는 방법보다 훨씬 더 민감하고 섬세한 면을 보여준다. 아빠스의 지도나 가르침이 마치 누룩의 역할과 같아, 거의 감지할 수 없는 방법으로 제자들의 머리에 스며들어 제자들은 스스로 그것을 터득했다고 생각한다(규칙서 2,5). 오늘날에도 손수 빵을 만들어 먹는 이들은 누룩의 신비스런 작용을 잘 알고 있으므로, 성 베네딕도는 그런 사람들이 분명히 알아들을 수 있도록 누룩을 예로 든다. 누룩의 신비스런 작용은, 먼저 누룩이 생명 그 자체로 분해되어 둔감한 밀가루 반죽덩어리를 활성화하고 변모시켜 전혀 다른 것으로 만드는 것이다. 그렇지만 물질의 본질에는 아무런 변화를 일으키지 않는다.

생활방식에 관한 성 베네딕도의 가르침은 이론적 지식이 아니라 실천적 지식이다. 즉, 형식적이며 구조화된 것이 아니라, 흔히 오묘한 방법으로 인간적 접촉을 통해서 얻는 지식이다. 그러므로 아빠스의 일차적 자질은 지식이나 학문이 아니라 "생활의 공덕과 지혜로운 가르침"(규칙서 64,2)이다. 아빠스는 말과 행동으로 의사를 전달하지만, 더욱 중요한 것은 모범을 보이는 것이다. 자신의 삶에서 나오는 메시지가 입으로 하는 말보다 더 효과적이기 때문이다. 성 베네딕도는 분명, 무의미한 이론적 공론空論이나 책을 통한 학문적 지식을 중요하게 생각하지 않는다. 늘 그러하듯이 여기서도 그의 정확한 현실 인식이 드러난다. 어떻게 그리스도 신앙을 가지게 되었으며 그리스도 신자로 살고 성장할 수 있었느냐고 사람들에게 물을 때, 그리스도를 "지식으로 이해하여" 믿게 되었다고 대답하는 경우는 거의 없을 것이다. 오히려 어떤 사람의 생활방식에 감명을 받았거나, 그리스도 신자의 신앙생활의 표양을 보고 믿게 되었다는 대답을 들을 확률이 더 높다.

그러므로 아빠스는 제자들을 격려하여, 그들이 하느님의 창조물로서 고유하고 완전한 인격체로 성장할 수 있도록 늘 마음을 써야 한다. 두 사람이 똑같을 수는 없기 때문에 제자들을 먹이고 부양하고 잘못을 고쳐주는 방법도 다르게 해야 한다. 사랑을 하되 "각 사람에게 가장 유익하게 보이는 방법에 따라 현명하고 사랑의 태도로 악습을 근절시켜라"(규칙서 64.14)는 구절은 베네딕도가 규칙서에서 새로 만든 기쁜 소식이다. 좋은 목자는 자기 양들을 하나하나 알고 있으며, 각각의 필요에 따라 알맞게 사랑으로 돌본다. 성 베네딕도는 사랑이라는 낱말을 자주 사용하는데, 이 사랑의 의미가 착한 목자로서의 아빠스의 위대한 모습에서보다 더 강한 뜻으로 사용되는 경우는 어디에도 없다. 여기서 착한 목자란 요한 복음(요한 10,1-6)에 나오는 자기 양들을 돌보는 착한 목자를 의미한다.

규칙서에는 "돌보다"라는 말이 "공동체를 돌보다", "어린이를 돌보다" 등으로 계속 나오는데, 그 완전한 뜻을 이해하기란 쉽지 않다. 이 낱말은 제2장에서 아빠스의 역할을 서술할 때 많이 쓰이며, 그밖에는 곤경에 처한 수도승을 보살피는 아빠스의 역할을 설명할 때 나온다(규칙서 27-28장). 착한 목자의 표상에서 아빠스의 모습이 잘 드러난다. 고용된 삯꾼의 특징은 양들에 대한 무관심이지만, 착한 목자는 자기의 양들을 알고 양들도 그 목자를 안다. 이렇게 서로를 알지 못하면 완전한 보살핌은 불가능하다. 보살핌에는 치유가 포함되므로 아빠스의 역할은 의술이 좋은 의사의 역할과 같은 것이다. 성 베네딕도가 건설하는 공동체는 보살피는 공동체다. 그는 규칙서 마지막 장인 저 위대한 제72장에서 사랑을 삶의 최고 원리로 제시하면서 결론을 맺는데, 그 결론은 보살피는 공동체를 위한 청사진이다. 남을 보살피는 일이 힘든 일이지만 형제들이 이 일에 힘써야 한다는 것을 그는 잘 알고 있다. 규칙서 전체를 통해서, 공동체의 구성원들 간에 진정한 사랑을 기르는 방법을 다루는 대목만큼 분명하고 실제적인 부분도 없다. 이러한 찬사는 비단 이 장에만 해당하는 것이 아니라 사랑을 가장 실제적인 말로 표현하고 있는 규칙서의 다른 대목 — 예컨대 손님 환대를 다루는 제53장 — 에도 적용될 수 있다. 모든 형제들의 모범인 아빠스가 지녀야 할 자질은, 제일 먼저 실제로 착해야 하고, 사랑에 대해서 말로만 하지 말고 실제로 사랑해야 하며, 모든 형제에게 똑같은 사랑을 보여야 하는 것이다. 치유는 이러한 안정된 사랑을 바탕으로 할 때 가능하다. 치유는 모든 사람에게 필요한 평생의 과정이다. 아빠스는 자신의 상처뿐 아니라 남의 상처도 고칠 줄 알아야 한다(규칙서 46,6). 그는 먼저 형제들 각자의 상처를 알아야 하고, 모두에게 똑같은 처방을 쉽게 내리지 말고, 각각의 상처에 맞는 치료를 해야 한다. 어떤 이에게는 친절이 필요하고, 또 어떤 이에게는 엄격함이 필요하다. 어떤 이에게는 책망이 효과가 있는가 하면, 어떤 이에게는 설득이 효과가 있을 것이다.

다른 사람들과 더불어 산다는 것은 결코 쉬운 일이 아니다. 혼자서 성인聖人이 되는 것이 훨씬 더 쉬울 것이다. 우리가 수도 공동체나 가정 공동체, 또는 본당 공동체나 친구 집단에서 다른 이들로부터 자주 상처를 받게 되는 것은 피할 수 없는 노릇이다. 때로는 상처가 너무 깊어서 그 영향이 여러 해 지나도록 지속되는 경우가 있다. 우리는 서로 너무 쉽게, 너무 빨리 상처를 주고받는다. 서로 베고 멍 들고 때리고 얻어맞은 크고 작은 상처들, 이해할 수 없이 아픈 일들, 이런 것들을 치료하지 않고 그대로 두면 곧 지병으로 악화될 수 있다. 이런 이유로 성 베네딕도는 「주님의 기도」를 하루에 두 번씩 외우라고 명한다: "저희에게 잘못한 이를 저희가 용서하듯이 저희 죄를 용서하여 주시고"는 용서의 실천이 얼마나 중요한가를 끊임없이 일깨워 주는 말이다. 카인처럼 형제를 증오하는 것은 재앙을 초래한다. 그러므로 공동체 생활의 핵심은 용서다. 우리는 용서를 통하지 않고는 절대로 자유를 누릴 수 없다. "용서는 누구에게나 성숙의 최대 요소다." 그러나 여기에는 엄청난 노력이 따른다. 용서는 정직과 사랑의 훈련이다. 용서하기 위해서는 고통과 대면해야 하고, 직접 부딪쳐서 그 고통을 다루어야 한다. 성 베네딕도는 우리의 이러한 행위가 빠르면 빠를수록 좋다고 말한다. 왜냐하면 고통을 태워 없애지 않는다면 상처는 자라서 곪기 때문이다. 상처를 주는 말이나 부당하게 당한 일을 마음속으로 계속 곱씹는 것은 너무 쉽다. 또 어떤 사소한 일을 잊지 않으려 하거나 마음속으로 계속 "그것은 공정하지 못해" 하고 불만을 터뜨리는 것도 너무 쉽다. 이렇게 되면 아주 사소한 원한이나 분노로 시작된 것이 커다란 먹구름이 되어 나의 내적 세계 전체를 질식시키거나 암을 유발하여 나의 내적 자아를 점점 더 잠식해 들어간다. 이 점에 대해서 성 베네딕도의 태도는 절대적으로 확고하다. 그는 이것을 "마음의 불평"이라고 한다. 이 마음의 불평이 무서운 손상을 입히기 전에 뿌리를 뽑아내야 한다는 것이다. "무엇보다도 먼저, 어떠한 이유로든지, 어떤 말이나 표시로라도 불평의 악을 드러내지 말 것이며, 만일 이런 자가 있거든 더욱 엄한 벌을 내릴 것이다"(규칙서 34,6-7). 불평은 개인적으로나 공동체에 있어서나 마음의 평화를 파괴한다는 것을 그가 알고 있었기 때문이다. 평화는 베네딕도회 공동체 생활의 최우선 목표이다. 평화는 베네딕도회의 표어가 되었다: "평화를 구하고 목표로 삼아라", 즉 "평화를 찾아서 뒤따라가라"(머리말 17). 내적 평화가 없으면 공동체의 전 조직이 위협을 받는다. 성 베네딕도가 수도생활의 출발점을 평화로 잡는 이유는 우리 안에 평화가 없을 때 우리를 갈라놓고 파괴하는 불평이 싹트기 시작한다고 보기 때문이다. 오늘날 세계 평화에 대한 관심이 이토록 크고, 평화운동이 증대되고, 평화단체들이 늘어나고, 평화 유지에 대한 논의가 더욱 절박하고 끈질기게 일고 있는 이때, 성 베네딕도의 말에서 우리는 매우 단순하고 근원적인 진리에 접하게 된다: 평화는 내 안에서 시작된다. 내 안의 분쟁을 해결하지 않고 어떻게 세계 평화에 이바지하기를 바랄 수 있겠는가? 내 마음이 스트레스 때문에 찢어지는데 어떻게 그리할 수 있겠는가? 나에 대한 책임은 내가 져야 하며, 평화를 위해 큰 일을 이룩하기 바란다면 내 가정, 내 안의 평화에서부터 출발해야 한다. 성 베네딕도는 다시 한번 강조한다: 내 안에서 폭력의 고리가 끊어져야 한다. 이것이 평화의 출발이요, 세계 평화의 시작이다.

공동체에서 일이 잘못되어 이런저런 실패가 따를 때에는 기꺼이 책임지는 것을 피하지 말아야 한다. 실패에 대한 고백이 있고 나서야 비로소 용서도 있다. 성 베네딕도는 창고 물건의 파손을 포함해서 모든 경우의 실제적인 예들을 일일이 열거하면서 이를 설명한다. "만일 누가 주방에서나, 창고에서나, 봉사할 때나, 빵 만드는 곳에서나, 정원에서나, 어떤 기술에 종사할 때나, 혹은 그밖의 어떤 장소에서든지 무엇을 파손했거나, 잃었거나, 혹은 어디서든지 무슨 잘못을 저질렀으면, 즉시 아빠스나 공동체 앞에 와서 스스로 잘못을 고백하고 보속해야 한다"(규칙서 46,1-3). 바꾸어 말하면, 성 베네딕도는 즉시 자백할 것을 주장한다. 이 얼마나 어린애처럼 순진한 말인가! 이것은 자기의 행위에 책임을 지고 사과하고 용서를 구하는 것이 실제로 얼마나 중요한 것인가를 말해준다. 우리가 누구이든, 어떤 처지에 있든 우리는 하느님께서 우리를 받아주시고 용서해 주신다는 것을 전적으로 믿고 의지할 수가 있다. "하느님의 자비에 대해 절대로 실망하지 말라"(규칙서 4,74). 이것은 규칙서의 가장 중요한 권고 가운데 하나다. 우리가 초인간이 아닌 것처럼 수도승들도 초인간이 아니다. 완전한 수도승의 모습은 "하느님, 이 죄인에게 자비를 베푸소서"(루가 18,13; 규칙서 7,65)를 늘 반복하는 세리稅吏의 모습이다. 죄는 용서받을 수 있다. 진실로 회개하는 사람은 기꺼이 용서를 받을 수 있다. 몽 드 캇Mont de Cats 수도원의 현직 아빠스의 말을 상기해 보자: "용서는 하느님으로부터 오는 것이므로, 이 용서가 왜곡된 정신과 사회의 표류를 막아주는 유일하고도 효과적인 치료법이라는 것을 우리가 인정할 날이 언젠가는 올 것이다."

앞에서 성 베네딕도가 빵 만드는 곳과 정원에서의 경우를 예로 들어 설명한 바 있지만, 여기서 저지른 실수를 만회하는 문제를 다루는 방식을 보면, 그는 물질과 정신을 분리된 별개의 것으로 간주하지 않는다는 사실을 다시 한번 깨닫게 된다. 성 베네딕도는 아빠스의 행정 소임에 대해서 말할 때에도 이와 같은 시각을 견지한다. 시간별로 일의 순서를 잘 세우는 것이 베네딕도 생활의 특징이다. 이렇게 하자면 아빠스는 실제로 엄청나게 많은 일에 관여하게 된다. 그렇지만 성 베네딕도는 그런 일을 생활의 다른 부분과 분리된 독자적인 것으로 여기지 않는다. 그렇게 여기는 것은 그의 신조에 위배되기 때문이다. 공동체를 경영한다는 것은 사람을 위하는 것이며, 그 목적은 자식 양성養成이다. 그는 오늘날의 경영 개념을 인정하겠지만 만약 그 경영 목표에 자기의 전체론적 시각이 반영되지 않은 것을 안다면 아마 크게 놀랄 것이다.

아빠스의 역할은 순전히 영적인 영역에만 국한되는 것이 아니다. 그에게는 공동체의 정책 수립과 시간 생활을 결정할 책임이 있다. 따라서 그에 대한 기대치가 높기 때문에, 그는 오늘날 기업의 최고 경영진들이 겪는 것과 같은 과로, 스트레스, 긴장, 모험 등의 위험에 처하게 된다. 성 베네딕도는 스트레스를 받고 있는 사람의 상태를 정확하게 묘사한다. 흥분하기 쉽고, 걱정이 많으며, 거만하고, 완고하며, 질투심이 많고, 의심이 지나치며, 무엇보다도 멈출 줄을 모른다. "그렇게 되면 잠시도 안심할 수 없다"(규칙서 64,16). 이런 압박을 받고 사는 사람은 자기자신에게 불가능한 요구를 할 뿐만 아니라 주위의 사람들에게도 같은 압박을 가할 위험이 있다. "새끼 딸린 양, 새끼 딸린 소들도 있습니다. 이것들은 … 하루만 몰아

쳐도 다 죽습니다”(창세 33,13; 규칙서 64,18). 그러므로 성 베네딕도는 중용과 분별을 기본적인 덕행으로 여긴다. 사업과 관리의 모든 영역에 대한 그의 심리적 통찰력을 보라! 그가 인간의 필요와 능력을 얼마나 철저하고 건전하게 간파하고 있는지를 알 수 있다.

규칙서에서 소임을 위임하는 방식은 하나의 예술이다. 성 베네딕도는 “아빠스가 안심하고 자기 짐을 나누어 맡길 수 있는 이들”(규칙서 21,3)의 역할이 얼마나 중요한지 알고 있다. 따라서 규칙서는 아빠스의 일을 분담하고, 공동체의 어떤 그룹을 보살필 사람들에 대한 규정을 수록하고 있다. 어떤 경우라도 일에 꼭 맞는 사람을 선발해야 한다. 나이나 신분에 따라 자동적으로 그 직위를 결정해서는 안된다. 종신직이 많으나, 어떤 것들은 임시적 목적을 위해 봉사하는 것들이다. 수도원을 떠나려는 수도승이 아빠스를 면담하고자 할 때, 아빠스는 그가 만나는 마지막 사람이 되어야 한다는 것을 성 베네딕도는 이미 예견하였다. 이처럼 아주 민감한 순간에 아빠스는 비밀을 잘 지켜 신뢰할 수 있는 형제에게 자신의 권한을 이양한다. 즉, “성숙하고 지혜로운 형제들을 보내어 마음이 흔들리는 형제를 거의 남모르게 도와 주도록 해야 한다”(규칙서 27,2-3). 이것은 동료에 대한 신뢰를 입증하는 것이며, 지혜로운 원리로서, 책임자의 위치에 있는 다른 이들도 여기서 교훈을 얻을 수 있다. 그 원리란 동료를 대할 때 비밀을 지키는 것이 절대적으로 중요하다는 것과, 자기는 물러나고 다른 사람에게 권한을 이양해야 할 적절한 때가 흔히 생긴다는 사실을 인정하는 것이다. 예를 들면, 부모는 청소년기 자녀들의 반항을 다루기에는 가장 불리한 위치에 있을 수 있다. 그런데 "아버지상"을 거부하는 것은 비단 가정에서만 일어나는 일은 아닐 것이다. 이런 일은 생의 후반기에도 여러 상황에서 발생할 수 있다. 그러므로 이런 일을 창의적으로 처리하기 위해서 아빠스는 분별력이 있어야 하고, 자신의 권위를 기꺼이 나누어 가지려는 의지가 있어야 한다.

공동체를 성공적으로 꾸려나가기 위해서는 구성원의 사기를 크게 높여주어야 한다. 여기에는 많은 노력이 필요하다. 이 점에 대한 성 베네딕도의 생각은, 수도원 경영 실무를 맡고 있는 당가의 경우에서 가장 분명하게 드러난다. 당가는 구성원 각자에게 사랑으로 봉사하는 것이 어떤 것인가를 보여주는 전형적인 예가 된다. 당가는 형제들에게 정해진 양의 음식을 "어떤 교만이나 지체함이 없이"(규칙서 31,16) 주어 불만이 없게 해야 한다는 것이다. 성 베네딕도는 여기서 관료주의의 유혹을 정확하게 주목했다. 당가는 자기 권한을 행사하여 형제를 부끄럽게 할 위험이 있다. 예를 들면, 형제들로 하여금 줄지어 자기 차례를 기다리게 하는 것이 사소한 일처럼 보이지만 이런 일조차도 형제들의 기를 꺾는 수가 있다. 만일 어떤 형제의 부탁을 들어줄 처지가 아니라 하더라도 친절한 말로 대답해야 한다. "만일 어떤 형제가 무엇을 부당하게 청하더라도, 무시함으로써 그를 슬프게 하지 말고, 겸손하게 이치에 맞게 거절하여야 한다"(규칙서 31,7). 불필요하게 마음 상하는 일이 없도록 주의하라는 말은 매우 단순하게 들리지만, 이런 문제까지 규칙서에 살짝 끼워 넣는 성 베네딕도의 지혜가 얼마나 돋보이는가! 전화를 받고 나의 대답이 거칠거나 퉁명스러울 때, 또는 지극히 순박한 질문에 무뚝뚝하게 대답할 때, 그때는 잠시 말을 멈추고 상대방이 받을 괴로움을 생각해 보는 것이 좋겠다. 그런 다음 즉시 목소리를 바꾸어 부드럽게 말하는 것은 그다지 어려운 일이 아닐 것이다. 물론 때로는 심히 피곤하고, 나의 귀중한 시간이 잠식당하는 것 같은 생각에, 도저히 참을 수 없어서 그리하지 못하는 경우도 있을 수 있다. 그러나 여기서 성 베네딕도는 변명을 용납하지 않는다. 당가는 규칙적이고 편리한 시간을 정해서 "주어야 할 것을 주고, 청해야 할 것을 청하게 해야 한다"(규칙서 31,18). 모든 이가 시도 때도 없이 당가를 찾는 것은 궁극적으로 그들에게도 당가에게도 유익하지 않다. 성 베네딕도가 당가에게 자기자신을 돌보아야 한다고 말하는 것은 내게도 유익한 교훈이 된다. 규칙서에서 자기 사랑의 필요성을 또다시 발견하게 되다니!

내가 나 자신과 나의 욕구를 진지하게 고려할 때 다른 이들도 나의 공간을 존중해 줄 것이다. 자기 사랑은 근본적으로 내 마음의 평화를 유지하고 나 자신의 사기士氣에 유의하는 것을 뜻한다. 규칙서에 나오는 라틴어 "아니맘 수암 쿠스토디아트" animam suam custodiat("자기 영혼을 보살필 것이다": 규칙서 31,8)라는 말은 내가 여기서 놓칠 수 없는 말이다. 어떤 조직에서 중요한 직책을 맡고 있는 사람에게는, 다른 사람과 함께, 다른 사람을 위해 일하면서도 그들 때문에 기진맥진하지 않도록 회복력을 지닐 수 있는 생활양식이 더욱 필요하다. 에너지를 최대한 유익하게 사용하는 것은 오늘날 어느 기업, 어느 본당, 어느 기관에서나 책임자 위치에 있는 모든 이에게 매우 시급한 과제다. 이것은 지금보다 훨씬 덜 복잡한 성 베네딕도 시대에도 예외가 아니었다.

"모든 일을 의논하여 행하라. 그렇게 한 후에는 뉘우침이 없을 것이다"(집회 32,24; 규칙서 3,13). 이 금언을 지키면 아빠스는 부당한 스트레스를 받지 않으며, 형제들은 혹시 있을지 모를 험악한 일을 피할 수 있을 것이다. 물론 순명을 생활의 중심에 두는 것이 문제 해결의 열쇠다. 아빠스가 모든 형제에게 순명하기 위해서는 그들의 바람과 충고에 귀기울여야 한다. 이렇게 서로에게 순명하면 자의적이고 독단적인 결정을 내릴 일이 없게 된다. 아빠스는 나이나 지위에 관계없이 모든 형제들의 충고를 들어야 한다. 그렇다고 공동체가 다수결 투표제로 운영되어서도 안된다. 육체적·정신적으로 허약한 사람들도 교묘하게 압력을 행사하는 경우가 있으므로 아빠스는 그들의 지나친 요구를 경계해야 한다. 약하고 불행한 형제들도 공동체에 부당한 압력으로 작용할 수 있다. 성 베네딕도는 이런 점을 잘 알고 있다. 그러므로 아빠스는 모든 형제들의 말을 경청하고, 규칙서와 그밖에 주님의 뜻이라고 생각되는 모든 방법을 고려한 다음, 사안에 따라 결정을 내려야 한다. 이러한 분별력과 섬세함이 있어야 하느님의 뜻이 어디에 있는지를 발견하게 된다. 이것이 성 베네딕도가 성숙한 수도승에게 바라는 지혜의 열매이다. 환경이 많이 다른 오늘에도 이러한 태도는 의사결정 방법에 시사하는 바가 크다 하겠다.

아빠스와 당가가 형제들을 늘 염려하고, 집단이 아니라 개인의 특성을 고려하여 보살핀다는 사실은 참으로 주목할 만하다. 이러한 이념은 현대사회의 관념에는 상당한 부담으로 작용하는 것 같다. 공동생활은 추상적 이상화나 이상주의의 산물이 아니다. “공동체를 사랑하는 사람은 공동체를 죽이고, 형제를 사랑하는 사람은 공동체를 살린다”는 디트리히 본회퍼 Dietrich Bonhoeffer의 경구를 성 베네딕도가 들었다면 아마 좋아했을 것이다. 그는 형제들을 앞세우고 사람들을 인격적으로 대하며 차별하지 않으면서도 사람들이 필요로 하는 것을 항상 고려한다. 규칙서는 사람들의 필요에 따라 물건을 분배할 때 흔히 빠지기 쉬운 함정은, 똑같은 물건을 공평하게 나누어 주는 것이라고 경고하는 한편, 공동체 구성원들에게는 성숙함과 이해심을 촉구한다. “이렇게 말하는 것은 사람의 차별을 두라 — 이런 일은 없어야 한다 — 는 뜻이 아니고 오히려 연약한 사람들을 고려하라는 말이다. 적게 필요한 사람은 하느님께 감사드리고 애석하게 생각하지 말 것이며, 많이 필요한 사람은 연약함에 대해 겸손하고 자비를 받은 데 대해 교만하지 말아야 한다. 이렇게 하면 모든 지체들이 평화롭게 지내게 될 것이다”(규칙서 34,2-5). 공평한 몫을 바라는 것은 매우 자연스러운 일인데, 나는 처음에는 성 베네딕도의 생각을 진취적인 것으로 받아들이기가 쉽지 않았다. 그렇지만 내가 성숙하고, 나 자신의 장점과 약점을 인정하면서 동시에 다른 사람의 장점과 약점도 수용하고 보니 비로소 그의 말을 이해할 수 있었다. 그렇지만 사도 바울로가 그리스도의 신비체와 동일시하는 저

일치, 즉 어느 지체肢體도 소외되지 않는 완전한 몸을 이루려면 공평한 몫은 어느 공동체에서나 기본적인 것임을 성 베네딕도는 알았다. 사실 공동생활의 질은 공동체를 구성하는 개체들간의 관계의 질을 반영하는 데 지나지 않는다.

공동생활에 대한 베네딕도의 견해는 다음 네 가지 기본 원리에 바탕을 두고 있다. 이 원리들은 어떻게 하면 사람들이 함께 가장 잘 일할 수 있는가에 대한 지극히 인간적인 지혜를 가르쳐 준다. 첫째는 연대의식(solidarity)의 원리이다. 이것은 전례생활이나 사회생활이나 경제생활이나 어떤 생활 영역이든지간에 각 구성원은 동등하게 보살핌받고 동등하게 책임진다는 것이다. 가려내기, 선발하기, 책임 면제 같은 것은 있을 수 없다. 그렇다고 맹목적으로 일치하라는 것은 아니다. (다음 원리를 보면 알 수 있다.) 둘째는 다원주의(pluralism)의 원리인데, 여기서는 각 개인의 궁극적 가치를 인정하고, 필요의 다양성과 타고난 재능의 다양성을 인정하는 것이다. 셋째는 아빠스와 아빠스로부터 권한을 위임받은 이들에게 요구되는 권위(authority)의 원리이다. 이들이 권위를 행사할 때는 마지막 원리인 보조원제도(subsidiarity)의 원리를 반드시 함께 고려해야 한다. 이것은 스스로 할 수 있는 일을 "더 높은 권위자"의 이름으로 다른 사람에게 떠맡기라는 뜻이 아니다. 이상의 네 원리를 따른다면, 결국 구성원들 사이에 상호의존과 책임이 균형을 이루고, 개인과 집단이 함께 발전하여 최상의 공동체를 건설할 수 있게 되는 것이다.

성전에서 정답게 어울리던 네가 아니냐.

(시편 55,14)

그러므로 수도승들은 지극히 열렬한 사랑으로 좋은 열정을 실천할 것이다. 서로 존경하기를 먼저 하고, 육체나 품행상의 약점들을 지극한 인내로 서로 보완하며, 서로 다투어 순종하고, 아무도 자신에게 이롭다고 생각되는 것을 따르지 말며, 오히려 남에게 이롭다고 생각되는 것을 따를 것이다. 그리고 동료 수도승들에게 깨끗한 사랑을 드러내고, 하느님을 사랑하여 두려워할 것이며, 자기 아빠스를 진실하고 겸손한 애덕으로 사랑하고, 그리스도보다 아무것도 낫게 여기지 말 것이니, 그분은 우리를 다 함께 영원한 생명으로 인도하실 것이다.

(베네딕도 규칙서 72,3-12)

당신은 왜 저희의 운명을
같은 시대 같은 장소에 두시고
서로의 얼굴을 바라보도록
한자리에 모으셨습니까?
서로 사랑과 동정으로 우정을 나누라고
저희의 다정한 영혼들을 당신 안에 모으셨습니까?
저희를 하나 되게 하시고
함께 여행하게 하시고

서로의 아픔을 참아 이겨내어
당신의 지고한 선하심을 증명하고
완전한 사랑으로 새롭게 부활하도록 하신 분이
당신이 아니옵니까?

(찰스 웨슬리)

형제들과 함께 사는 사람은 모가 나서는 안되고 둥글어야 한다. 그래야 모두에게 굴러갈 수 있다.

(마토에스 아빠스)

여러 가지 특별한 선물을 나누는 데는
두 길이 있다네.
하나는 나누는 것을 사랑하는 것,
다른 하나는 사랑을 나누는 것.
그러므로 특별한 선물은
그것을 가진 이에게도
갖지 않은 이에게도
더이상 특별한 것이 아니라네.
가진 이는 나누어 주고
갖지 않은 이는 받음으로써
나눔에 동참하니까.

(포드의 볼드윈)

"겸손이란 무엇입니까?" 원로의 대답: "네게 상처를 준 형제가 스스로 용서를 구하기 전에 먼저 그를 용서하는 것."

(사막 교부들의 금언집 LXXXIV)

권리를 포기하십시오
다른 이를 위해.
권리를 포기하십시오
또 다른 이를 위해.
친구이든 적이든
놓아주십시오.
그 다른 사람은 언제나
그리스도이시기 때문입니다.

하느님 우리 아버지, 온 세상의 주님,
당신 아드님을 통해
당신의 보편교회로 저희를 불러 주셨으니
감사합니다.
당신의 충실한 백성 위한
저희 기도 들어주소서,
각자의 직업과 성직에서
당신 사랑의 도구되게 하시고,
당신 종들에게 필요한 은총의 선물 내려 주소서,
우리 주님이신 구세주 예수 그리스도의 이름으로 비나이다.

주

아빠스의 아버지 역할은 Cuthbert Butler의 고전적 저서 *Benedictine Monachism*, Cambridge 1923, 195ff와 이를 증보한 Collegeville Text of the Rule의 해제 354쪽에서 논의되고 있다. 본장은 이 텍스트 중 "행정가로서의 아빠스" 장(368-70)을 토대로 하였다.

용서에 관한 179쪽의 인용구는 1983년 9월 캔터베리 대성당에서 Jean Vanier가 행한 피정 강론 "Listening to God"에서 따왔다. 181쪽의 인용구는 Dom André Louf, "Saint Benedict: A Man of God for All Times", *Cistercian Studies* XV/3, 1980, 217-29에서 따왔다.

본장을 쓰는 데 도움이 된 다른 두 논문은 Marian Larmann, "*Contristare* and *Tristitia* in the Rule of St Benedict: Indications of Commuity and Morale", *American Benedictine Review* 30/2, June 1979, 159-74와 Mildred Murray-Sinclair, "The Concept of Healing in the Rule of St Benedict", *Cistercian Studies* XV, 1980, 269이다.

본장의 결론은 전적으로 Daniel Rees, *Consider Your Call*, 66-7에 의거하였다.

그러나 본장을 쓸 수 있었던 것은 무엇보다 Fr. Bede Stockill OCSO, "The Abbot in the Rule of St Benedict"에서 영감을 얻었기 때문이다.

마지막 기도는 공동체의 아빠스나 대수녀원장의 축복을 받기 위해 약간 개작하였다.

· *10* ·

기 도

"하느님은 모든 것을 보고 계시다."

기도는 베네딕도회 생활의 중심이다. 기도는 모든 것을 묶어 주고 모든 활동을 지탱해 준다. 기도는 뿌리이자 열매이며, 기반이자 완성이다. 기도에 대한 이 장의 논의를 차라리 책 첫머리에 두어 나머지 모든 내용을 가능케 하는 항목으로 다루었어도 좋을 뻔했다. 기도는 삶에서 뗄 수 없는, 삶 그 자체이기 때문이다. 성 베네딕도는 수도승들에게 기도하기를 서원하라고 요구하지 않았다. 기도는 생활의 중심으로서 행하는 모든 일에 스며 있기 때문이다. 기도는 "하느님의 일"이므로 어떤 일도 기도에 우선되어서는 안된다. 성 베네딕도는 그리스도를 사랑하는 일이 최우선 과제라는 말을 두 번이나 한다. 특히 성무일도에 관해 말할 때는 "아무것도 하느님의 일보다 낫게 여기지 말라"(규칙서 43,3)는 표현을 쓴다. 그에게 기도는 수도 공동체가 그리스도를 사랑한다는 것을 보여주는 가장 뛰어난 증거요, 그 사랑을 표현할 탁월한 기회였다.

성 베네딕도는 사랑의 중요성을 한시도 잊지 않았다. 규칙서를 사랑의 실천서라 불러도 틀린 말은 아니다. 사랑의 삶은 우리가 매일 분투 노력해야 하는 것이지만, 그 성공은 모든 일의 근본이신 그리스도에 대한 우리의 사랑이 얼마나 큰가에 달려 있다. 성 베네딕도는 그리스도를 사랑하는 삶에도 인간적 사랑에서처럼 시간과 주의가 필요하다는 사실을 잘 알고 있다. 인간적 사랑에서 누구를 사랑하기 위해서는 그를 잘 알아야 한다. 바로 이런 이유로 성 베네딕도는 규칙서 머리말에서 우리에게 일손을 멈추고 귀를 기울이라 하고, 기도와 사랑이 어떤 의미를 지니려면 그것이 하느님과의 대화의 시작이 되어야 한다고 말한다. 이를 위한 기본적인 출발점은 하느님 말씀(성서)에 귀와 마음을 열고 주의를 기울이는 것이다. "제자는 침묵하고 들어야 한다"(규칙서 6,6). 침묵하지 않고 어떻게 말씀을 들을 수 있겠는가. 그래서 "수도승들은 언제나 침묵을 지키기에 힘써야 한다"(규칙서 42,1). 성 베네딕도가 (규칙서 전반에 걸쳐 여러 차례 언급하는 것 외에도) 침묵을 지키는 문제에 대해서 한 장章을 따로 마련하고 있는 것은, 침묵이 단지 말을 안하는 것 이상의 의미를 지니고 있음을 설명하기 위해서다. 그는 외적 소음의 단절 못지않게 내적 소음의 단절에도 관심을 가진다. 그가 수비아꼬의 동굴에서 수년간 침묵과 독거 생활을 한 것이 결국 평생의 기반이 되었다. 은수생활은 물론이려니와 지속적 침묵조차 우리 같은 보통 사람들은 상상하기 어렵다. 일과를 시작하기 전 몇 분 동안 침묵시간을 가지는 것도 일종의 사치로 여겨질 때가 종종 있다. 그러나 침묵의 기본적 가치는 결코 무시될 수 없다. 침묵하지 않고서 어떻게 하느님의 말씀을 들을 수 있으며, 하느님의 말씀을 듣지 않고 어떻게 하느님을 알 수 있겠는가. 침묵을 통하지 않고 어떻게 하느님을 바라보고 기다리고 경청하며, 말씀을 영접함에 있어 성모 마리아처럼 처신할 수 있겠는가. 만약 나에게 하느님을 흠숭하는 마음이 있다면 나는 아무리 짧은 시간이라 할지라도 침묵의 시간을 낼 수 있을 것이다. 침묵의 시간을 가지지 못하면 하느님과의 올바른 관계를 정립할 수 없다. 하느님은 나의 전 생애를 기도에 뿌리내리게 도와 주시고 나의 기도를 듣고 응답하시는 분이시다.

성 베네딕도는 규칙서 머리말에서, 우리의 뜻을 버리고 순명으로 하느님 말씀을 들으라는 도전적인 말로 우리에게 인사를 건넨 다음, 줄곧 하느님 말씀은 우리의 응답을 기다리신다는 사실을 아주 분명히 밝힌다. 규칙서는 이러한 도전이 단 번으로 끝나는 것이 아니라, 수도승은 매일 말씀을 들음으로써 매일 하느님을 만난다는 것을 보여준다. 수도승은 전례와 시편에서, 식사 때의 식당 독서와 개인 독서에서, 공부와 명상에서 하느님 말씀을 듣는다. 때로는 공적 환경에서, 때로는 사적 환경에서 교대로 말씀을 경청하고 응답하는 것이 수도승 일과의 특징이다. 그러므로 수도승에게 대부분의 시간은 성서 읽기와 성서 말씀의 묵상에 바쳐진다. 하루 약 네 시간은 기도를 포함한 개인 독서(거룩한 독서)와 성서 본문을 암기·반복·반추하는 명상에 할당된다. 주일에는 육체노동 대신 독서를 하고, 사순시기는 성 베네딕도가 영성생활의 특별한 성장을 바라는 기간이므로 이때는 별도의 독서시간을 더 마련한다. "독서를 게을리하여 자기자신에게 무익할 뿐만 아니라 다른 사람들에게도 방해가 될"(규칙서 49,18) 정도로 시간을 낭비하는 수도승에게는 엄중한 경고를 내린다. "이런 자가 없어야겠지만, 만약 있거든 한두 번 책망하고, 그래도 고치지 않거든 규정된 벌에 처하여 다른 이들이 두려워하게 할 것이다"(규칙서 48,18-20). 하루 네 시간 정도 바치는 성무일도에서 수도승은 형제들과 함께 사람을 다스리는 하느님의 말씀에 귀기울이고, 시편을 노래한다. 성무일도 시간에는 수도원의 다른 모든 일이 중단되어야 한다. 왜냐하면 "하느님의 일"이 최우선이기 때문이다. 그러므로 수도승은 매일 하느님 말씀을 정해진 시간에 반드시 들어야 한다.

성 베네딕도는 자신의 삶이 전적으로 성서 정신으로 이루어져 있기 때문에 수도형제들에게도 같은 것을 기대한다. 성서의 능력에 대한 그의 믿음은 성서 말씀에 관해서 말할 때 사용하는 여러 가지 비유에서 잘 드러난다. 예컨대, 복음은 우리의 안내자(머리말 21), 약(규칙서 28,3), 하느님의 법(규칙서 53,9), 집의 반석(머리말 33), 창고(규칙서 64,9)이다. 이런 비유들이 의미하는 바는, 독서는 단지 지식의 습득에 머무는 것이 아니라, 먼저 그리스도와의 항구한 대화의 기반이 되어 일상생활의 실제적 질과 경험을 윤택하게 해주는 것이 되어야 한다는 것이다. 그런데 이 모든 비유의 의미는 오늘날 내가 하고 있는 독서법과 너무도 거리가 멀기 때문에, 상당한 상상력을 동원하지 않으면 성 베네딕도 시대의 독서에 내포된 의미를 완전히 되찾을 수 없다. 오늘날 글읽기는 너무도 일상적이어서 대부분 당연시되고 있다. 제품 상자 뒷면에 적힌 설명서를 읽거나, 신문에 난 텔레비전 프로그램의 시간표를 흘낏 보거나, 내가 좋아하는 작가의 신작 소설을 읽는 것도 일종의 글읽기 아닌가. 이처럼 곧 사라질 글들을 읽을 때는 특별한 주의를 기울이지 않겠지만, 매우 중요한 글을 읽고 있다면 나는 비판 능력을 동원해서 공정하고 지적인 방법으로 평가할 것이다. 그러나 성 베네딕도는 거룩한 독서를 할 때 온몸과 온 인격이 관여한다고 생각한다. 성서 말씀의 향기를 충분히 발산시키기 위해서는 말씀의 맛을 보아야 하고, 그 의미의 깊이를 충분히 헤아리기 위해서는 말씀을 심사숙고해야 한다. 말씀을 눈으로 읽을 뿐 아니라 귀로도 들을 수 있도록 낮은 소리로 발음하는 것이 당시의 관습이었다. 말씀의 뜻을 충분히 되새기며 "마음으로" 외웠다면 비록 그 말씀을 잊었다 해도 그것은 내 온몸과 함께 있는 것이다. 따라서 성서 말씀은 입으로 발음하고, 지성으로 이해하고, 기억에 고정시켜야 하며, 마침내 의지가 작용하여 읽은 바를 실천에 옮기는 것이 되어야 한다. 사람은 독서를 통해서 다른 사람으로 변한다. 그러므로 독서는 생활로부터 분리될 수 없는 것이다.

서명이 끝난 서원장誓願狀을 제대 위에 놓고 서약하는 엄숙한 순간에, 수련자는 맨 먼저 시편 한 구절을 노래한다: "약속하신 대로 나를 붙들어 주시고 살려 주소서. 나의 기대를 무색하게 만들지 마옵소서"(시편 119,116; 규칙서 58,21). 시편은 인간의 모든 경우와 모든 필요에 대해 언급하고 있다. 따라서 성 베네딕도는 수도원의 기도생활에서 시편을 제일 중시한다. 그 자신이 시편의 사상과 언어에 너무도 심취하여 그의 규칙서에는 신약성서에서보다 시편에서 인용한 말이 더 많다. 그는 제자들에게도 자기처럼 시편에 익숙해지기를 바란다. 연중 어떤 경우에는 독서의 분량을 줄이는 한이 있더라도 시편의 수는 절대로 줄이지 말아야 한다(규칙서 10장). 한 주간에 시편 150편을 모두 다 바치더라도 수도승은 그 시편들을 마음에, 기억 속에 새겨 두어야 한다.

성 베네딕도는 수도승들이 시편을 알고 사랑해야 한다는 생각에서 자기가 먼저 인간의 필요를 판단하는 예리한 재판관, 시편을 만났다. 시편은 모든 인간의 깊이와 높이를 잴 수 있는 책이다. 시편에서 나는 내 처지가 최악의 것일 수도 있고 최선의 것일 수도 있다는 것을 발견하게 되고, 열정과 확신과 희망을 가지고 하느님을 찬양할 수도 있으며, 흉측스러운 생각들이 빠져나갈 분출구를 발견하기도 한다. 시편이 없다면 아직도 그런 생각들은 어둡고 성난 내 마음 한 구석에 감추어져 있을지도 모른다. 무엇보다 먼저 모든 시편들은 하느님을 변덕스럽게 찾는 내게 하느님에 대한 그리움과 기쁨과 고통의 실상을 보여준다. 하느님은 때로는 가까이 계시고, 때로는 멀리 계시다. 나는 사막, 산속, 빈곤, 공허, 기다림 중에도 하느님을 찾는다. 오늘 내게 오시는 하느님이 내일은 오시지 않을지도 모른다. 내가 오늘은 산 정상에 올라와 있지만 내일은 깊은 골짜기에서 울부짖고 있을지도 모른다. 오늘은 내 얼굴이 환히 빛나지만 내일이면 어두워질지도 모른다. 오늘은 삶이 즐겁다가도 내일은 죽음의 손길을 느낄지도 모른다.

성 베네딕도는 자신이 그러했듯이, 수도승들에게 끊임없이 기도하기를 바라지만, 그 구조는 자발성이 유지되어야 하고, 의식儀式은 자유로워야 한다는 사실을 알고 있었다. 또한 그는 사적인 기도뿐만 아니라 공동기도도 필요하다는 사실과, 때로는 외부 사람이나 사물에서 하느님의 현존을 깨닫게 된다는 사실도 알고 있었다. 그러므로 그는 수도생활의 다른 면에서도 그러하듯이 기도생활에도 일정한 리듬과 형식을 부여한다. 그에게는 매일, 매주, 매년의 일에서 균형의 필요성을 올바로 인식할 지혜도 있었기 때문이다. 그는 낮에 일곱 번 바치는 성무일도의 구성에 대해 길게 설명하면서, 전례에 관한 매우 세밀한 지침들을 열한 개의 장에 걸쳐 규정한다. 그런데 전례 신학에 관한 형식적 논의, 기도하는 기술에 관한 원리, 창조주 앞에서 지녀야 할 정신 상태, 영혼의 태도에 대한 분석에서 시작하는 것이 아니라, 곧바로 "밤기도"의 가장 실질적인 세부사항으로부터 설명을 시작한다. 잠은 "한밤 조금 지나서까지 자고, 소화가 된 다음에 일어나도록 할 것이다. … '밤기도' 후에 형제들이 생리적인 필요 때문에 잠깐 나갈 수 있도록 할 것이다"(규칙서 8,2-4). 성 베네딕도는 이론 대신 — 영성이 종교 저술가에게는 가장 인기있는 분야이므로 이론이야 얼마나 많겠는가! — 단순히 기도에 전념하라고 하면서, 기도중에라도 육신의 합당한 필요를 등한시하지 말 것을 권고한다. 신체적 불편을 견디지 못한다 해서 기도가 덜 유익해지는 것은 아니라는 그의 말은, 좌우지간 고통은 언제나 영혼에 유익한 것이라는 청교도적 사고에 젖어 있던 나에게 위로의 메시지가 아닐 수 없다. 내가 기도를 앉아서 하든 누워서 하든 내 편리한 대로 해도 죄의식을 느낄 필요가 없다면 그건 정말 멋진 일이다. 내가 육신을 소중히 대한다고 기도의 효과가 줄어드는 것은 아닐 것이다.

일과를 하느님께 적절히 바치기 위해 하루 일곱 번 성무일도 시간을 가진다는 것은, 인간적으로 말해서, 수도원 외부인들에게는 거의 불가능하다. 규칙서가 씌어질 때는 비록 6세기의 농경생활을 염두에 두었겠지만, 시간과 노동을 신성시하는 기본 원리는 오늘날에도 여전히 의미있으며 고려할 만한 가치가 있다. 하지만 우리가 복잡한 세상 일정에 따라 일에 정신없이 쫓기면서 어떻게 그와 같은 형태의 일과를 하느님께 바칠 수 있단 말인가. 그러나 그것이 성 베네딕도에게는 최우선 과제였음에 틀림없다. "성무일도 시간을 알리는 신호를 듣거든 즉시 손에 있던 모든 것을 그대로 두고 가장 빠르게 달려올 것이나, 동작은 신중하게 해야 하며 웃음거리가 되지 않도록 할 것이다. 실로 아무것도 하느님의 일보다 낫게 여기지 말아야 한다"(규칙서 43,1-3). 물론 성무일도는 공동활동이다. 그러므로 나는 집에서나 직장에서나 내게 맞은 성무일도 방법을 찾기 전에 성 베네딕도가 정한 공동기도와 공동예배의 역할에 주목하려 한다. 기도는 너무 개인적이고 나의 내부에서 일어나는 것이므로 소속 공동체 안에 머물지 않으면 아주 개인적인 방종으로 빠지기 쉽다. 나의 기도가 지나치게 감추어지고 비밀스러워져 완전히 사사로운 일이 되어서는 안된다. 그렇게 되면 다른 사람의 지지를 받지 못하는 것은 물론, 타인과의 접촉을 통한 상호 학습의 도움도 받지 못하게 된다.

규칙서 제16장은 낮에 바치는 성무일도의 목적을 요약하고 있는데, 성 베네딕도는 "찬미하다"라는 낱말을 다섯 문장 안에서 다섯 번이나 쓰고 있다. 그는 자주 시편을 인용한다. "당신의 옳은 판결, 찬송하오니 하루에도 일곱 번씩 찬양합니다"(시편 119,164; 규칙서 16,1). "알렐루야", "하느님, 저희는 당신께 찬미를 드립니다" 또는 "아버지께 영광 있기를" 등, 이런 후렴들이 성무일도에 들어 있는데, 나의 다양한 일상생활 현장에도 알맞게 활용할 수 있을 것 같다. 성 베네딕도는 공식 기도시간 외에도 수도승이 특별한 일이나 특별한 사람을 짧은 기도로써 하느님께 봉헌할 수 있는 경우를 제시한다. 일상 업무의 시작, 식사의 시작과 마침, 손님 환대 등, 이 모든 경우가 짧은 기도를 할 수 있는 기회이다. 주간 독서자는 모든 형제들에게 자기를 위해 기도해 줄 것을 부탁한다(규칙서 38,2). 주간 봉사자도(규칙서 35,15), 여행을 떠나는 수도자도(규칙서 67,1) 그렇게 부탁한다. 문지기는 손님이 문을 두드리면 "**하느님께서 강복하소서**" 또는 "**하느님 감사합니다**"로 응답한다. 이 짧은 기도는 특정한 순간에 우리의 주의를 하느님께 돌린다. 세속에 사는 우리 입장에서 보면, 식사 전 기도가 규칙서에 묘사된 수도생활과 공통되는 단 하나의 확실한 예일 것이다. 그렇지만 베네딕도 시대 이래 많은 문화권에서는 기도와 일상을 거리낌없이 통합할 수 있었다. 여기서 우리는 많은 것을 배울 수 있다. 예를 들면, 외 헤브리디스 제도에서는 하루 중 어떤 시간이나 어떤 일에 종사하든지 일상의 모든 경우에 하느님을 찬미하는 기도나 시를 외운다. 잠자리에서 일어날 때, 빨래할 때, 불을 피우고 우유를 짤 때, 가축을 몰거나 버터를 만들 때, 이 모든 일을 기도중에 봉헌한다. (솔직히 말해서 힘드는 일은 아니지만) 주전자를 불에 올려놓거나, 차에서 내리거나, 아침 우편물을 처리하거나, 하루 내내 하는 이런 일들은 그다지 낭만적인 일은 아니라고 생각된다. 그렇다고 이런 경우를 기도의 기회로 삼지 말아야 할 이유도 없다. 반드시 의식적으로 말로 표현해야 할 필요는 없지만("하느님 감사합니다" 같은 기도는 쉬이 떠오를 수도 있다) 훨씬 더 단순하게 그 순간에, 그 일의 의미에, 그리고 그 일이 하느님이 주신 일로 볼 수 있다는 사실에 주의를 환기시킬 필요가 있다. 흔히 이러한 기도는 단지 나의 각성을 고취시키는 것 이상의 의미를 지니며, 내가 하는 일을 당연시하지 않고 거기에 완전히 주의를 기울이게 해준다. 나는 기도하는 순간에 전기 주전자의 스위치를 자동적으로 켤 수 있고, 또는 일손을 멈추고서 우리집에 전기를 끌어다 준 익명의 사람들에게 감사할 수도 있다. 내 앞을 지나는 난폭 운전자에게 화를 내고 욕하기보다는 미친 듯이 불안하게 운전하는 사람을 보는 순간 그를 위해 기도할 수도 있다. 그는 하느님의 특별한 사랑의 손길을 필요로 할지도 모르기 때문이다. 쇼핑은 내가 가장 싫어하는 일이지만, 다른 곳에서는 경험할 수 없는 사람과 상황들을 접할 수 있기 때문에 내게는 하느님을 발견하는 끝없는 기회가 된다. 결국 내가 말로 기도할 때라도 그 말은 그리 중요한 것이 아니며,

실제로는 전혀 필요없는 것이다. 기도의 핵심은 나의 주의를 온전히 하느님께로 향하는 것이다. 기도는 놀랍게도 해방의 실상이다. 물론 끊임없이 기도말을 상기하고 연습해야 한다. 나는 이런 기도를 할 때마다 매일 삶의 질과 기쁨이 크게 향상된다는 것을 발견한다. 규칙서는, 궁극적으로 기도는 삶이고 일이며 사랑이고 수용이며, 어떤 사람이나 사물이라도 범상히 여기지 않으며, 그 모든 것 안에서 그 모든 것을 통해서 하느님을 발견한다는 사실을 우리에게 확인시켜 준다.

"하느님은 어디에나 다 계시며, '야훼의 눈길은 안 미치는 데 없어, 좋은 사람 나쁜 사람 한결같이 살피신다'(잠언 15,3)는 것을 우리는 믿는다"(규칙서 19,1). 성 베네딕도가 우리에게 간절히 바라는 것은 하느님이 계시지 않는 곳은 없다는 사실을 결코 잊어서는 안된다는 것이다. 하느님의 시선이 우리 위에 고정되어 있고, 우리의 생각과 행위는 하느님의 관찰에 전적으로 노출되어 있으므로 우리는 늘 하느님의 감시를 받으며, 하느님의 시야에서 벗어날 수 없다(규칙서 7,10-13). 우리가 하느님의 현존을 의식하는 것은 당면한 현실이며, 다른 모든 일의 기반이다. 성 베네딕도는 하느님께로 나아가는 길을 놀라울 정도로 단순화시켰다. 그 길에 도달하는 데는 아주 큰 노력이 필요하지만, 그렇다고 전혀 도달할 수 없는 것은 아니다.

성 베네딕도가 참으로 찾고 있는 것은 끊임없는 기도다. 그가 규칙서 제7장에서 자주 사용하는 시편의 낱말은 "늘"이란 낱말이다. "하느님께 대한 두려움을 '늘' 눈앞에 두어 잠시도 잊지 않아야 한다"(시편 35,2; 규칙서 7,10). 이 표현은 낱말의 의미를 초월한다. 이것은 하느님의 현존에 모든 주의를 기울인다는 뜻이다. 베네딕도의 삶이 추구하는 바는 전인적이며 균형 잡힌 인간이 되는 것이다. 그리고 규칙서를 관통하고 있는 사상은 철저히 포용적인 그리스도의 현존에 대한 인식이다. 왜냐하면 그리스도는 모든 환경과 사람들과 일상생활 안에 살아 계시기 때문이다. 우리가 이 사실을 늘 의식하고 있다면, 우리의 마음은 그분께 들어올려지고, 우리의 삶 전체는 행동하는 기도로 변하게 될 것이다. 이것이 성 베네딕도가 바라는 것이다. 여기서 우리가 알 수 있는 것은, 수도생활의 궁극적 목적은 성무일도에서 바치는 하느님의 일이 아니라, 중단 없는 기도로 하느님의 일을 실행하는 것이다. 즉, 모든 일에서 하느님을 찾는 것이다. 만약 하느님 찾기를 정신에만 한정하지 않고, 우리가 개별적으로 가지고 있는 의지, 정서, 감각, 육신, 지성 등 온 존재로 기도한다면 끊임없는 기도도 그렇게 어려운 일이 아니다. 그러므로 기도는 다른 활동들과 경쟁관계에 있는 것이 아니다. 우리가 모든 행동을 하느님께 향하게 한다 해도, 다른 일을 하지 않는다면 기도는 성장하지 못할 것이다. 기도는 우리가 살고 있는 현 위치에서 하는 것이다. 또한 기도는 생활에 대한 우리의 반응양식을 반영하므로 생활태도의 향상에 비례한다. 하느님은 말만 세련되게 하는 인간에게는 속지 않으신다. 이와 마찬가지로 예리한 성 베네딕도도 시편을 노래할 때 마음과 목소리가 조화를 이루지(규칙서 19,7) 못하는 수도승에게는 속지 않는다. 완전하신 그리스도께서는 완전한 인간을 찾고 계시다.

하느님을 찾는 데 우리의 주도권과 활동에만 의존한다면, 이 모든 것은 물론 불가능할 것이다. 다행히도 사정은 그렇지 않다. 우리가 하느님을 찾는 동안 그분도 우리를 찾고 계시다. "하느님의 일"에는 두 가지 의미가 있다. 즉, 우리를 하느님께 봉헌하는 것과 우리 안에서 하느님이 활동하시는 것이다. 여기서 명심해야 할 것은, 기도는 실제로 말로 하는 것이 아니라 우리의 삶을 하느님의 은총에 개방하는 것이다. 기도할 때 말을 사용한다면, 그 말은 마치 양손을 펴들고 서서 전적으로 하느님께 의지함을 고백하며 기다리는 세리의 말처럼 되어야 한다. 성 베네딕도의 기도법을 설명하는 가장 좋은 방법은, 기도가 은총에 봉헌된 삶에서 자연스럽게 나오는 결과라고 말하는 것이다. 성 베네딕도는 이 문제를 온건하면서도 간결하게 다루고 있지만, 베네딕도의 삶 전체가 기도에서 나오고, 하느님과의 관계라는 넓은 맥락에서 이해된다. 그의 삶은 하느님의 현존 안에서 하느님의 현존에 대한 의식이 성장하고 확산되는 가운데 사는 삶이다. 성 베네딕도는 우리가 진실로 하느님을 찾는다면 언제 어디서나 하느님을 만나게 된다고 가르치고 있다.

그래도 나는 당신 곁을 떠나지 않아
당신께서 나의 오른손을 잡아 주셨사오니,

(시편 73,23)

일상의 경험들을 무디게 지나치지 말라. 새들이 노래를 부르고, 아침 안개 속에서 사슴이 뛰어 나오고, 태양이 떠올랐을 때를 생각해 보라. 우리가 즐길 여유를 가지지 못하는 이유는, 계속 움직여야 한다는 느낌에 쫓기고 있기 때문이다. 이것이야말로 진짜 병이다. 우리는 시간의 충만 속에 살고 있다. 매순간은 하느님께서 몸소 마련하신 좋은 시간이다. 은총의 시간(kairos)이다. 우리는 기도에서 구하는 것을 이미 받았다는 사실을 깨닫게 된다. 구하는 것을 얻으려고 뒤쫓아갈 필요는 없다. 그것은 언제나 거기에 있었다. 시간만 내면 우리가 구하는 것이 스스로 드러날 것이다.

(토마스 머튼)

행동 하나가 요구된다. 그것이 전부다. 이 한 가지 행동으로 모든 일이 화합되고 정돈된다. … 이 한 가지 행동이란 마음이 늘 깨어 있는 것이다.

(은수자 데오판)

오늘 내 걸음 하느님과 함께
오늘 내 걸음 그리스도님과 함께
오늘 내 걸음 성령님과 함께
지극한 사랑의 성삼위여
아, 지극한 사랑의 성삼위여
낮에는 내 방패 질병을 막아주시고
밤에는 내 방패 해악을 막아주시네
아, 내 영혼과 육신을 위하여
성부와 성자와 성령으로
성부와 성자와 성령으로
저를 보호하시는 성부 되소서
저를 보호하시는 성자 되소서
저를 보호하시는 성령 되소서
삼위로서, 일체로서
하! 하! 하!
삼위로서, 일체로서.

(켈트인들의 여행 노래)

하느님은 기도하는 사람을 위해 기도하신다.

(요한 클리마쿠스)

영원토록 찬미하려 하거든 지금 시작하여라. … 그대의 하느님, 주님께 하루도 쉬지 말고 찬미와 찬송 드려라. 하루가 지나가면 또 하루가 시작되나니, 더욱더 힘차게 주님 찬미하여라.

(성 아우구스티노)

나는 바라보았노라 그분을
눈으로만 아니고 온몸으로
성작이 바닷물로 넘치듯
이 몸 주님으로 넘치네.

(R.S. 토마스)

주님, 당신은 기도하는 저와 모든 이에게 새로운 통찰력, 새로운 차원의 눈을 열어 주십니다. 당신으로 인해 제가 좋아하고 사랑하는 사람들, 좋아하는 일들, 좋아하는 장소들이 현저히 색다르게 보이고, 더욱더 추가되고 증가됩니다. … 당신 안에서는 이 모든 것이 독특하게 보입니다. … 주님, 저는 이단적이고 비신학적일지도 모릅니다. 그러나 개의치 않습니다. 주님의 항구한 현존, — 예, 이것이 바로 주님이십니다 — 기도는 당신의 항구한 현존의 실상입니다. 당신은 제 뜻을 알고 계시지요.

(도미니꼬 가이스포드)

전능하시고 영원하신 하느님,
당신은 언제나 저희 기도 들으시고
저희보다 더 기뻐하십니다.
저희가 바라거나 받아야 할 것보다
더 많이 주시옵니다.
항상 저희에게 풍성한 자비를 쏟아주시고
저희의 양심이 두려워하는 일들을 용서해 주시고
저희가 염치없이 청하는 좋은 것을 다 주시옵니다.
그러나 오직 성자이시고 저희의 주님이신
그리스도의 공로와 중재로 하시옵니다.

주

이 마지막 장은 대부분 개인적 사색과 묵상에 의한 것이지만 다음 두 논문의 영향을 받았다: Michael Casey, "St Benedict's Approach to Prayer", *Cistercian Studies* XV, 1980, 327-43과 David Holly, "Biblical Living", *Cistercian Studies* X, 1975, 46-60. 두 저자에게 감사드린다.

거룩한 독서lectio divina에 대한 고전적 해설은 Dom Jean LeClercq, *The Love of Learning and the Desire for God. A Study of Monastic Culture*, SPCK, 1974에서 도움을 받았다.

나는 *Carmina Gadelica*에 나오는 켈트인의 기도로 되돌아왔다 (6장의 주 참조). 켈트인의 기도를 만나고 나서 나는 갈구하던 것을 얻은 듯한 느낌이었다. 바쁜 생활중에서도 기도할 수 있으며, 모든 생활활동이 끊임없는 기도가 될 수 있음을 보여주었기 때문이다.

묵상과 기도에서 Thomas Merton의 말은 *A Hidden Wholeness*, 49에서 따온 것이다.

Carmina Gadelica III, 48-9에서 따온 켈트인의 여행 노래는 다른 여러 노래 중에서 가려뽑은 것이다. 누구나 하느님과 함께 걸을 때는 진정으로 웃을 수 있다는 것을 이 노래가 보여주기 때문이다. 이러한 웃음을 현대인들은 충분히 웃지 못하고 있는 것 같다.

R. S. Thomas의 시는 "Suddenly", *Laboratories of the Spirit*, Macmillan 1975, 32에서 인용했다.

Dom Dominic Gaisford의 기도에 대한 묵상은 "Cast Your Bread on the Waters", *A Touch of God*, 79에서 따왔다.

마지막 기도는 삼위일체 대축일 XII을 위한 것이다.

추천 도서

Dom Cuthbert Butler, *Benedictine Monachism* 『베네딕도 수도원 제도』 Cambridge 1923/1961[2]. 규칙서에 대한 고전적 해설서.

Dom David Knowles, *The Benedictines* 『베네딕도 수도승들』 Sheed and Ward 1929. 부피가 더 작고 내용이 쉽고 명료하다.

Daniel Rees & Others (eds.), *Consider Your Call. A Theology of the Monastic Life Today* 『하느님의 부르심을 생각하라. 현대 수도승 생활 신학』 SPCK, 1978. 현대의 상황에 시사하는 바가 매우 크며 본서 저술에 많은 도움이 되었다.

Dom David Parry OSB, *Households of God* 『하느님의 가족』 Darton, Longman & Todd 1980. 규칙서를 장별로 나누어 오늘날의 수도승과 평신도를 위한 해설과 함께 소개.

Dom Columba Cary-Elwes OSB, "Letter and Spirit: St Benedict's Rule for our Times" 「문자와 정신: 오늘날의 성 베네딕도 규칙」 *The Way*, Supplement 40, Spring 1981, 14-64. 『베네딕도 규칙서』를 잘 해설하고 있다.

Cardinal Basil Hume OSB, *Searching for God* 『하느님을 찾아서』 Hodder & Stoughton 1977(삽화판 1979). Ampleforth의

수도승들을 위해 쓴 수도원 생활과 일에 관한 신앙서. 그가 『규칙서』 1500주년 기념해에 베네딕도 전통에 대해 행한 강론·담화를 모은 *In Praise of Benedict* 『베네딕도를 찬미함』 Hodder & Stoughton 1980도 참조.

Dolores Leckey, *The Ordinary Way, A Family Spirituality* 『가족 영성을 위한 일상의 길』 New York: Crossroad 1982. 『규칙서』가 가정생활의 빛이 되는 길을 보여준다. *Journey to God, Anglican Essays on the Benedictine Way* 『하느님에로의 여정: 성공회의 베네딕도 수도방법론』 Malling Abbey 1980에 수록된 "The Benedictine Tradition and the Family" 「베네딕도 전통과 가정」도 참조.

The Benedictines in Britain 『영국의 베네딕도 수도승들』 British Library Series 3, 1980. 베네딕도 수도회에 대한 짧고 명료한 역사적 고찰서. 아름다운 삽화가 곁들여졌다.

David Knowles, *Christian Monasticism* 『그리스도인의 수도생활』 World University Library 1969. 수도생활 일반에 대한 짧지만 가장 포괄적인 역사적 고찰서.

Maria Boulding (ed.), *A Touch of God, Eight Monastic Journeys* 『하느님의 손길: 수도승 여덟 분의 여정』 SPCK, 1982. 여덟 분 현대 수도승들의 설명을 통해서 수도원 생활의 진면목을 가장 잘 보여줄 뿐 아니라 규칙서가 그들의 삶에 어떠한 역할을 했는지를 소개. 하느님 찾는 길에 수도생활이 모든 그리스도인들의 등불이 될 수 있음을 보여준다.

옮기고 나서

이 책을 번역할 기회를 주신 성 베네딕도회 왜관 수도원의 이형우 시몬 베드로 아빠스께 감사드린다. 하느님께서 아빠스를 통해 이 일을 내게 맡기셨다는 생각이 머리에서 떠나지 않고 있다.

더욱 고맙고 기쁜 것은 『베네딕도 규칙서』의 옛 지혜를 현대적 감각으로 조명한 저자의 깊은 통찰력과 사색과 기도에 동참할 수 있는 기회를 가진 것이다. 이 기쁨을 많은 사람들과 나누고 싶어서 감히 우리말로 옮겨보았다. 바르게 옮기려고 노력하였으나 혹시 잘못한 것이 없는지 두렵기도 하다.

이 귀중한 묵상집을 펴낸 성공회의 에스더 드 왈 여사께 경의와 감사를 드리며, 아울러 번역서의 출판을 맡아주신 분도출판사에도 깊이 감사드린다.

2001년 겨울
김한창(토마스 아퀴나스)
경북대학교 명예교수